평생 은혜 절대 감사

평생 은혜 절대 감사

**저자** 김병태

**초판 1쇄 발행** 2020. 5. 20.

**발행처** 도서출판 브니엘
**발행인** 권혁선

**등록번호** 서울 제2006-50호
**등록일자** 2006. 9. 11.

서울특별시 송파구 백제고분로28길 25 B101호 (05590)
**마케팅부** 02)421-3436
**편집부** 02)421-3487
**팩시밀리** 02)421-3438

**ISBN** 979-11-90308-20-5 03230

**독자의견** 02)421-3487
**이메일** editorkhs@empal.com

**북카페 주소** cafe.naver.com/penielpub.cafe
**인스타그램** @peniel_books

도서출판 브니엘은 독자들의 책에 관한 아이디어나 원고를 설레는 마음으로 기다리고 있습니다. 책으로 엮기를 원하는 아이디어가 있으신 분은 위의 이메일로 간단한 개요와 취지, 연락처 등을 보내주십시오. 머뭇거리지 말고 문을 두드리세요. 길이 열립니다.

도서출판 브니엘은 갓구운 빵처럼 항상 신선한 책만을 고집합니다.

# 평생 은혜 절대 감사

김병태 | 지음

브니엘

짧은 나의 인생을 한마디로 압축한다면 '은혜'이다. 사도 바울이 "나의 나 된 것은 주님의 은혜였다"라고 고백한 것처럼 나도 "주님의 은혜였기에 존재할 수 있었다"라고 고백한다. 길지 않은 인생이었지만 평탄한 적은 별로 없었던 것 같다. 그러나 어떤 상황, 어떤 순간에도 흔들리지 않고 주님이 주신 사명의 길을 꿋꿋이 걸어올 수 있었던 것은 바로 평생 은혜 덕분이다. 이 세상 끝날까지 함께하겠다고 약속하신 주님이 멈추지 않은 사랑과 은혜를 베풀어주셨다. 지금 이 순간까지.

태어나기 전, 어머니 배 속에 있을 때 높은 감나무에서 떨어져 며칠 동안 미동하지도 않았지만 그때도 주님의 은혜의 손길이 닿았다. 서너 살 때 스님이 우리 집에 와서 "이 아이는 절에 입적시켜야 살 수 있고, 그렇지 않으면 죽는다"라고 했는데, 절에 입적은커녕 목사가 된 것도 하나님의 크신 은혜가 아닌가! 어린 시절 친구가 파고 있는 우물을 구경한다고 머리를 내밀었다가 곡괭이에 찍혀 피를 철철 흘리면서도 병원에 가지 않고 된장 한 덩이만 발라놓았을 때도 주님의 은혜는 떠나지 않았다.

해발 500m나 되는 산을 넘으면서 나뭇짐을 지고 다니던 초, 중학교 시절에도 주님의 은혜는 계속되었다. 초등학교 5학년 때 아버지가 돌아가시고 가난 때문에 중학교를 갈 수 없었던 소년이 석사학위 3개, 박사학위까지 취득할 수 있었던 건 모두 하나님의 말할 수 없는 은혜의 이끄심 때문이었다. 돈 벌겠다고 잠시 한눈팔아 일반대학에서 경제학을 전공하던 나를 목회의 현장으로 돌이키게 하심도 저항할 수 없는 주권적 은혜였다. 부족하기 그지없는 자에게 목양지를 주시고 주님의 양떼를 돌보게 하심도 하나님의 은혜였다. 아무것도 장담할 수 없고 보장된 것 하나 없는 미래지만, 그래도 당당할 수 있었던 것은 하나님의 은혜가 평생 나와 함께할 것을 믿었기 때문이다.

평생 은혜가 이끌어왔던 인생 여정을 돌아보면 감사할 조건과 사건이 즐비하게 많다. 그럼에도 불구하고 내 마음과 영혼의 밭에서는 불평과 원망과 탄식의 잡초가 스멀스멀 올라온다. 분명히 감사의 달인이신 주님이 본을 보여주셨고, 항상 기뻐하고 범사에 감사하라는 말씀이 귀에 쟁쟁히 들리지만, 그래도 사탄이 주는 마음에 저항하지 못하고 통제되지 않는 육신의 소욕으로 인해 마음과 영혼의 고요가 깨어질 때가 한두 번이 아니다.

그렇지만 그때마다 정신을 차리고 마음과 생각을 정리해보면 어느 새 내 안에서 희미한 감사가 스며 나오고 있다. 주신 것으로 인한 감사, 주시지 않은 것에 대한 감사. 장미꽃 감사, 가시로 인한 감사. 건강으로 인한 감사, 질병을 주신 것에 감사. 때로는 감사할 수 없는 상황에서조차 나도 모르게 소록소록 올라오는 감사, 그것 역시 주님의 은혜이다. 그래서 평생 은혜를 확신한다. '평생 은혜'를 확신하기에 '절대 감사'가 가능하다.

성경보다 성격이 이긴다고 하는데, 그래도 나는 성경이 성격을 이긴다고 확신한다. 성질대로 살아가는 인생이 아니라 성경대로 살아가는 인생, 성령의 소욕을 따라 살아가는 인생을 스케치하리라. 그것이 바로 평생 은혜, 절대 감사의 길이니까.

열두 갈래인 게 인간의 마음이라고 한다. 그러나 갈대와 같은 내 마음의 닻을 주님의 말씀과 다스림에 내리고 싶다. 좀 못났으면 어떤가? 좀 부족하면 어떤가? 못난 나무가 산을 지킨다고 하지 않던가! 못났기 때문에, 부족하기 때문에 주님의 은혜를 더 기댈 수밖에 없고, 주님의 은혜에 기대기에 절대 감사가 가능한 게 아닐까? 이제 한 걸음 더 나아가 감사를 끌어들이는 감사 습관을 길들이는 데 주력하련다. 범사에 감사하는 절대 감사의 경지에 이르기까지.

"물들어 올 때 노 저으라"고 했던가? 은혜의 물이 들어오기 시작했을 때 더 큰 은혜의 파도에 휩쓸리기 위해 마음과 영혼의 문을 활짝 열리라. 영적 공식을 따라 구하고 찾고 두드리리라. 겸손하게 무릎 꿇고 주님이 은혜를 베풀지 않고는 베길 수 없을 때까지.

'침샘 암'이라는 희귀병으로 5년의 세월 동안 치열한 투병을 하다가 68세의 일기장을 덮고 우리 곁을 떠난 최인호 작가는 「최인호의 인생」이란 책에서 이렇게 말했다. "지금껏 나는 몸이 건강하여 불의의 교통사고로 짧게 병상에 누웠던 적은 있어도, 병에 걸려 입원 생활을 해본 적은 없었다. 그래서 평소에 병원은 나와 상관없는 별도의 공간이며, 운이 나쁜 사람들이나 가는 격리된 수용소와 같은 곳이라고 생각해왔다. 그러던 내가 어느새 5년째 투병생활을 하게 되었으니 '오늘은 내 차례, 내일은 네 차례'라는 트라피스트 수도회의 금언을 새삼스럽게 실감하게 된 요즈음이다."

"꽃잎은 떨어져도 꽃은 지지 않는다." 그가 남긴 이 말은 의미심장하다. 이런저런 일들로 인해 우리의 아름답고 화려했던 꽃잎은 떨어지고 만다. 그러나 생명의 꽃은 결코 지지 않는다. 이 땅의 그 무엇과도 비견할 수 없는 평온하고 영화로운 '저 세상'에서도.

이제 우리는 이 책을 통해 평생 은혜, 절대 감사로 인생을 물들였던 사람들을 하나둘 만나게 될 것이다. 이 책을 읽는 동안 내가 써내려가야 하는 '평생 은혜, 절대 감사'의 보고(寶庫)를 캐낼 수 있었으면 좋겠다. 그 보고는 이미 당신에게 주어졌다. 감았던 눈을 뜨면 당신 곁에 있는 은혜와 감사의 샘을 발견하게 될 것이다.

혹시 이런저런 고난과 시련으로 인해 '평생 은혜'를 잊고 사는

가? 넘지 못할 산, 건너지 못할 강으로 인해 '절대 감사'를 잊었는가? 주변 환경이 아무리 시시각각 변하고, 심지어 나마저 조석으로 변할지라도 회전하는 그림자도 없는 주님은 결코 변치 않으신다. 그런 주님을 마음 깊이 새기고, 이 책에 나오는 평생 은혜, 절대 감사의 길을 걸었던 사람들이 어떻게 주님을 만나 한층 더 성숙한 도약의 길을 걸었는지 경험하길 바란다.

글쓴이 김병태

P·a·r·t  01

# 씽크하면
# 땡큐할 수 있다

## 01. 감사는 더 큰 은혜를 누리게 한다

예수님을 만나고 보니 주님 없는 인생은 상상도 할 수 없다. 아침에 일어날 때도, 새벽을 깨우며 새벽 제단을 쌓을 때도, 출근해서 성도들을 심방하고 섬기는 모든 사역 속에서도, 가족과 함께 웃고 즐길 수 있는 것도, 평온한 저녁 고요히 잠에 들 수 있는 것도 모두 주님의 은혜 덕분이다.

「교회오빠 이관희」는 이관희, 오은주 집사 부부의 처절한 암투병기를 그려놓은 책이자 영화이다. 이관희 집사는 오은주 집사의 과외선생이었다. 고등학생 때 짝사랑한 오 집사가 대학에 들어가면서 고백하고 교제하여 결혼하게 된 것이다. 그러나 이들 부부의 비극은 결혼한 지 한 달 만에 찾아왔다. 이 집사의 아버지가 뇌출혈로 쓰러진 것이다. 어디 그뿐인가! 딸 소연이를 낳고 산후조리가 끝나고 퇴원하는 날, 남편에게서 전화가 왔다. 대장암 4기란다. 결혼한 지 3년 반 만에 들은 청천벽력 같은 소식이었다. 아들의 암 소식에 충격받은 어머니는 자살로 생애를 마감하셨다. 남편이 항암치료를 받는 중에 아내 역시 혈액암인 림프종 4기 진단을 받았다. 엎친 데 덮친 격으로 엉망진창이 된 것 같은 삶에 지루한 투병과정이 진행되었다.

그런데 이관희 집사는 그렇게 힘겨운 투병 중에도 절망하거나 좌절하지 않았다. 삶과 죽음의 경계 속에서도 그는 고난 앞에 서지 않고 예수님 앞에 당당히 섰다. 결코 원망하는 기도를 드리지 않았다. 마지막 기회가 남겨져 있으니 감사하단다. 열심히 살았으니까 쉬라고 하신 거란다. 내 안에 있는 힘을 다 빼고 주님이 이끄시는 삶을 살아야 한단다. 나만의 손익계산서를 쓰는데, 계산해보면 그래도 플러스란다. "삶의 전체를 봤을 때 하나님께 받은 은혜들을 계산해보면 감히 하나님을 원망할 수 없었습니다."

도저히 감사할 수 없는 현실을 감사로 물들여가는 평범한 믿음의 소영웅이다. 생각해보라. 주님의 은혜가 부족해서 불평하고 원망하는가? 본질상 진노의 자녀를 사랑의 아들로 하늘나라에 입적시켜서 하나님의 사람으로 만들어가는 은혜, 세상 풍조를 따르고 공중 권세 잡은 마귀를 따랐던 자를 성령으로 거듭나게 하셔서 거룩한 백성으로 훈련시키시는 은혜, 틈만 나면 입을 것과 먹을 것과 마실 것에 눈독을 들이는 우리를 책임지고 돌보아주시는 하늘 아버지의 무한한 사랑과 자비, 생각하면 할수록 하나님의 은혜는 크고 두렵다. 그래서 평생 은혜 안에 있는 내 삶은 절대 감사로 물들일 수밖에 없다.


## 작은 감사 속에 담긴 큰 행복

모든 사람이 꿈꾸는 공통적인 관심사가 있다. 바로 행복이다. 행복을 꿈꾸면서 열심히 공부한다. 투잡(two job)을 갖고 피곤을 이겨내며 돈을 버는 것도 행복하기 위함이다. 무려 백 번에 걸쳐 선을 보면서 좋은 배우자를 고르고 고르는 것도 알고 보면 행복 때문이다.

이렇게 기를 쓰고 잡으려는 행복은 도대체 어디에 숨어 있을까? 어떤 사람은 잡으려고 애를 써도 못 잡는데, 어떤 이는 별로 노력하지 않아도 행복의 파랑새가 저절로 날아든다. 그 비결은 무엇일까? 어쩌면 그 주인공을 만나보면 당신도 행복을 선물로 받는 것이 어렵지 않은 일임을 알게 될 것이다. 왜냐하면 그 주인공들은 '작은 감사'로 행복을 만들어가기 때문이다.

어머님이 살아 계실 때의 일이다. 어느 해였던가, 주일 예배를 마치고 우리 부부는 오랜만에 어머님이 계신 시골로 갔다. 한번도 쉬지 않고 내달았지만 밤늦은 시간에야 도착했다. 그때까지 어머니는 주무시지 않고 아들과 며느리를 기다리고 계셨다.

"아이고, 오느라고 얼마나 고생 많았냐?"

"아직까지 안 주무셨어요?"

"저녁은 먹었나? 된장 끓여놓았는데…. 여기 감도 녹여놓았는데…."

아들 부부가 온다고 일부러 냉동실에 있는 감도 녹여놓으셨다.

"감만 먹으면 될 것 같아요."

시간이 늦어 어머님은 다른 방으로 건너가시려고 했다. 그때 아내가 시어머니 손을 잡고 말했다.

"어머님, 오늘은 우리 같이 자요."

오랜만에 세 사람은 한 방에서 다함께 잠을 잤다. 하루란 시간은 너무 짧았다. 다음날 떡국을 뺀다고 방앗간을 찾았다. 어머님이 입을 떼셨다.

"가는 길에 우체국에 잠시 들리자."

"왜요?"

"돈을 좀 찾게."

"뭐하게요?"

"형규 대학가는데 선물이라도 하나 사줘야지."

"쓸데없는 소리하지 마세요. 통장에 넣어두고 어머니 필요하실 때 쓰세요."

나는 어머님의 마음을 아는지라 우체국을 들리지 않고 바로 방앗간으로 갔다. 기다려야 하는 시간이 필요해서 어머니를 방앗간에 남겨놓고 우리 부부는 집으로 와서 밭에 있는 배추 몇 포기를 뽑았다.

"겨울 동안 어머니 뽑아드시게 조금만 뽑아갑시다."

우리는 많은 배추를 뽑을 수가 없었다. 우리는 집만 나가면 배추가 있으니까 사먹지만 어머니는 그렇지 못하다는 생각이 들었기 때문이다.

배추를 뽑아놓고 다시 읍내 방앗간으로 갔다. 어머니가 아내 호주머니에 봉투를 하나 찔러 넣으셨다. 우리가 없는 사이에 우체국에 들러서 출금을 한 게다. 아내는 화들짝 놀라며 거절했다.

"어머니, 아니에요. 저희는 받을 수 없어요."

"내 마음이라니까. 받아넣어."

옆에 있다가 분위기를 알아차린 내가 나섰다.

"어머니, 이제 우리 걱정하지 마시라니까. 왜 쓸데없는 걱정을 하고 그래요. 어머니만 건강하게 지내시면 돼요."

결국 나는 어머니를 모시고 우체국에 가서 다시 입금했다.

방앗간 일을 마친 우리는 인근 면에 살고 있는 형님 댁으로 갔다. 형님 부부와 함께 식사를 하고 나니 벌써 서울로 돌아서야 할 시간이었다. 아쉬운 마음이었지만 짐을 챙겨야했다.

"야야, 약콩인데 몸에 좋으니까 가져가서 먹으라."

어머니는 어렵사리 지은 밭곡식을 이것저것 챙겨주시려고 했다.

"아니에요. 저희는 집 앞에만 나가면 이런 것 얼마든지 있어요.

여기 두고 어머니가 드세요.”

“그게 다 돈이지. 아이들 공부시키려면 힘들 텐데….”

“걱정하지 마세요. 하나님이 채우시는데 뭘 걱정이세요.”

그리고 냉동실을 뒤지더니 얼려놓은 감과 곶감 봉지도 꺼내셨다.

“이것도 가져가서 먹으라. 아이들도 주고….”

“아니에요. 여기 두고 어머니가 한 개씩 꺼내 드세요. 당뇨가 있으니까 많이 드시지는 마시고….”

어머니와 나는 밀고 당기며 신경전을 벌였다. 이것저것 챙겨주시는 것을 차에 실으니 한 차였다.

“어머니, 몸 건강하셔야 해요~”

“그래. 너도 건강해서 목회 잘해라.”

우리 부부는 떨어지지 않는 발길을 옮겼다. 밤중에 서울에 도착해서 짐을 대충 정리했다. 잠을 잘 즈음에 아내가 말했다.

“어머님께 전화를 드렸는데, 꿈꾸는 것 같대요.”

꿈꾸는 것 같다고? 아들 부부와 함께 잠시 보냈던 시간이.

“그래? 그런데도 서울로 올라오시려고 하지는 않고….”

우리 부부는 혼자 계신 어머니가 마음에 늘 걸려서 “서울로 가서 함께 지내자”고 말씀드렸다. 그러나 번번이 거절당했다.

“난 서울에서는 못 지내겠더라. 여기가 좋아.”

서울생활이 불편한 게 한두 가지가 아니겠지? 공기도 나쁘고. 지리에도 익숙하지 않으니 맘대로 돌아다닐 수도 없으시고, 친구도 없고…. 그러나 우린 알고 있다. 어머니가 뭘 걱정하시는지. 왜 올라오려 하지 않으시는지.

"내가 가면 아들이 목회하는 데 짐이 되지는 않을까?"

사실은, 자식을 걱정하는 어머니의 마음 때문이었다.

새벽기도가 끝나고 어제 남은 짐을 정리하던 아내가 깜짝 놀라서 말했다.

"여기 곶감 봉지가 또 있네!?"

내가 어머니 드시라고 빼놓은 곶감 봉지가 또다시 우리 짐에 들어와 있었던 게다. 평소에 갖고 계신 어머니의 마음이어서 익숙하지만, 그래도 마음이 아련했다.

"아이고, 노친 하는 것 좀 보소…. 대체 자식이 뭐라고…."

왜 이리 마음에 걸릴까? "꿈만 같았다"라고 하신 어머니의 한마디가….

그런 어머니가 지금은 우리 곁을 떠나 그렇게 소망하시던 하나님 아버지의 집으로 가셨다. 험악한 나그네 인생 길을 걸었던 건 사실이다. 그렇지만 하루하루의 삶은 천국잔치였다. 날마다 하나님의 은혜 안에 살아가는 순간들이었기에, 신랑 되신 주님과 동행한 삶이었기에, 작은 감사로 만드는 큰 행복의 비결을 아셨기에, 누군가를 사랑하며 섬기는 삶이었기에. 작은 감사로 만드는 행복 여행은 누구나 즐길 수 있다. 평생 은혜를 깨닫기만 한다면.

# 인생을 리모델링하는 감사

이스라엘 백성들은 기회만 있으면 불평했다. 하지만 영적인 사람들은 기회만 있으면 감사한다. 두 부류가 똑같이 기회를 잡지만 그들이 살아가는 삶은 판이하게 다르다. 한 부류는 얼굴에 늘 웃음이 없고 불만이 가득하다. 항상 분노로 붉어져 있다. 그런데 다른 부류는 늘 화사하게 웃는다. 감사가 넘쳐난다. 사람들은 두 번째 부류에게 점점 더 모여든다. 그래서 그 부류의 사람들은 자신을 행복한 사람이라고 소개한다. 감사야말로 나를 명품 인생으로 만든다.

그러면 어떻게 삶을 감사로 리모델링할 수 있을까? 먼저, 작은 것에 감사해야 한다. 작은 것에 대한 감사는 '더 큰 감사'를 경험하게 한다. 어떤 사람은 감사의 꾸러미를 하나 가득 담고 있으면서도 감사하지 못한다. 그런데 어떤 사람은 '저건 누구나 갖고 있는 거잖아!'라고 생각되는데도 그것을 갖고 감사한다. 하나님은 감사하는 사람에게 더 좋은 선물을 주신다. 비록 그것이 아주 작은 것일지라도.

예수님에게 치유받았던 10명의 한센병 환자가 있었다. 그런데 그 가운데 자신이 나은 것을 발견하고 예수님에게 돌아와서 인사를 한 사람은 한 사람밖에 없었다. 예수님은 그에게 더 큰 구원의 은총을 베풀어주셨다. 감사하라. 비록 작은 것일지라도. 그러면 삶 속에는 또 다른 감사가 싹튼다.

또 하나 기억하자. "매사에 감사하라!" 세상에 감사하지 못할 상황은 없다. 이에 대하여 베스트셀러 작가인 데이비드 던은 이렇게 말한다. "나는 감사의 마음을 가질 수 없는 상황이라는 것을 알지 못한다. 거리의 부딪히는 군중 속에서, 또 흔들리는 지하철에서, 극장에서, 조용한 교회 예배 중에도, 그 외의 어떠한 곳에서든 당신의 마음으로부터 '감사합니다' 라고 말한다면 당신은 완전히 낯선 사람에게도 한 번의 고개 짓이나 손짓, 또는 감사의 눈길로 감사를 표할 수 있다." 거창한 것을 찾지 말고, 내가 부딪히는 모든 일에, 모든 상황에 감사를 표현하자. 그러면 감사의 파노라마는 계속해서 진전될 것이다.

어떤 상황에 처할지라도 좀 더 깊이 생각해보면 감사할 수 있다. 웃으면서 들어야 할 말이지만, 어떤 사람은 대머리로 인해 감사할 이유를 이렇게 말한다. "우선, 여성에게는 거의 없는 현상이다. 그러므로 모든 여성은 감사할 일이다. 또 하나님의 사랑을 받는 자이다. 날마다 우리의 앞이마를 쓰다듬어주시기 때문이다. 그리고 대머리인 사람 중에는 얻어먹는 사람이 적다. 엘리사도 대머리였다. 물자를 절약할 수 있다. 하나님을 편하게 해드린다. 대머리는 머리숱이 적어 셀 것이 없으니 주님을 얼마나 편안하게 해드리는 일인가? '너희에게는 머리털까지 다 세신 바 되었나니'(마 10:30). 대머리로 인해서 감사할 일이 이렇게 많다면 우리가 감사하지 못할 이유가 무엇인가?" 평생 하늘 아버지의 은혜를 누리고 살아가는 우린데. 그러니 인생을 감사로 리모델링하기로 결단해야 한다.

영자신문 〈코리아 헤럴드〉에 '감사할 일들' 이란 글이 소개된 적이 있다. 거기서는 우리가 감사할 일들을 다음과 같이 열거했다.

- 옷이 잘 맞는 것을 감사하라. 마음껏 먹을 수 있다는 것을 뜻하기 때문이다.
- 파티 후에 청소할 지저분한 것들이 있음을 감사하라. 친구들이 주위에 많다는 것이다.
- 내야 할 세금을 감사하라. 일할 수 있는 직장이 있다는 뜻이다.
- 잔디를 깎고 창문 고치는 일을 감사하라. 상급이 있음을 말하기 때문이다.
- 연료 값 청구서를 감사하라. 따뜻하게 살고 있음을 말하기 때문이다.
- 세탁할 때 빨래들을 감사하라. 입을 옷이 많다는 것을 뜻하기 때문이다.
- 주차장이 떨어져 있는 것을 감사하라. 걸을 수 있음을 말하기 때문이다.
- 교회에서 음정 틀리며 찬송하는 숙녀가 있는 것을 감사하라. 생생하게 청각으로 들을 수 있다는 말이다.
- 정부에 대해서 부정하는 사람들을 감사하라. 언어의 자유가 있기 때문이다.

우리가 매사를 이렇게 생각하고 받아들이면 감사하지 못할 일이 없다. 감사로 인생을 리모델링하는 사람들은 이렇게 적극적인 태도를 가지고 살아간다. 그렇게 보면 세상에 감사하지 못할 일은 하나도 없다.

그런데 사람들은 감사하지 못하는 이유를 주변 사람들이나 환경에서 찾는다. 그러나 그렇지 않다. 감사하지 못하는 이유는 마음이 병들고 영적 상태가 악하기 때문이다. 세상에 욥과 같이 불행한 사람이 있을까? 있는 재물 다 날리고, 알밤 같은 자녀들을 다 잃고, 몸은 병들고, 아내마저 마음을 몰라주고 길길이 대드니 참으로 힘든 삶이었다. 그러나 욥은 받아들이기 어려운 최악의 상황에서도 최선의 감사를 드렸다.

인생의 위기라고 생각하는가? 위기 속에서 오히려 감사해야 한다. 인생의 위기는 다시 오지 않는 기회이다. 아브라함은 바랄 수 없는 중에 바라고 믿었다. "아브라함이 바랄 수 없는 중에 바라고 믿었으니 이는 네 후손이 이같으리라 하신 말씀대로 많은 민족의 조상이 되게 하려 하심이라"(롬 4:18). 감사하는 사람이 되려면 불리한 조건에서 하나님을 신뢰하는 훈련을 해야 한다. 아브라함은 죽은 자를 살리시며 없는 것을 있는 것같이 부르시는 하나님을 믿었다. "내가 너를 많은 민족의 조상으로 세웠다 하심과 같으니 그가 믿은 바 하나님은 죽은 자를 살리시며 없는 것을 있는 것으로 부르시는 이시니라"(롬 4:17).

# 행복을 끌어올리는 감사

감사는 행복의 지름길이요 행복의 문을 여는 열쇠이다. 작은 것에도 감사할 줄 아는 사람은 행복한 사람이요 큰 것에도 감사할 줄 모르는 사람은 가장 불행한 사람이다.

미국의 9·11테러로 남편을 잃은 사람이 있었다. 참담한 심정이었지만 그래도 아이가 남아 있다는 사실에 감사하며 열심히 살았다. 그러다 지금의 남편과 재혼했다. 그녀는 감사 대상을 새남편으로 바꾸었다. 전문가는 이 여인의 이야기를 듣고 나서 이렇게 말했다. "당신은 탁월한 감성을 갖고 있습니다. 당신은 다른 사람이 고마워서 지금까지 행복하게 살았다고 했습니다. 하지만 진정으로 고마워해야 할 대상은 바로 당신 자신입니다. 당신은 희망을 찾아내는 탁월한 능력을 갖고 있습니다."

내가 하는 "감사하다"는 말 한마디는 상대방을 즐겁고 행복하게 만든다. 우리가 하는 말 한마디에 다른 사람이 웃을 수 있고, 행복해질 수도 있으며, 서로의 관계가 회복될 수 있다면 좀 쑥스럽더라도 감사하다는 말을 왜 못하겠는가? 사람들이 해야 하는 줄 알면서도 하지 못하는 '감사하는 법'을 몇 가지 제시해본다. 아주 평범한 일이지만.

"태어나줘서 고마워요."

"무사히 귀가해줘서 고마워요."

"건강하게 자라줘서 고마워요."

"당신을 만나고부터 행복은 내 습관이 되어버렸어요."

"당신은 바보, 그런 당신을 사랑하는 난 더 바보예요."

"이 세상 전부를 준다해도 당신과 바꿀 순 없어요."

"당신 없는 세상은 상상할 수도 없어요."

"당신이 내 곁에 있다는 사실보다 더 큰 행운은 없어요."

"당신은 나의 비타민, 당신을 보고 있으면 힘이 솟아요."

"지켜봐주고 참아주고 기다려줘서 고마워요."

"내가 세상에 태어나서 가장 잘한 일은 당신을 선택한 일이에요."

"당신 없이 평생을 사느니 당신과 함께 단 하루를 살겠어요."

"난 세상 최고의 보석 감정사, 당신이라는 보석을 알아봤으니
까요."

"사랑해요. 그리고 고마워요."


　너무나 일상적이고 보편적인 말이다. 누구나 할 수 있고, 언제나
할 수 있는 간단한 말이다. 비록 다소 낯간지러운 말이기는 하지만
상대방을 흐뭇하게 해줄 수 있는 말이다. "내 곁에 당신이 있기에 내
인생은 오늘도 황홀하답니다. 당신이 내 곁에 있도록 허락하신 하나
님께 감사해요." 때로는 그런 말을 들으면 쑥스러워서 '그게 아니면
서…'라는 생각도 든다. 하지만 그래도 왠지 기분 좋은 말이 아닌가?

오늘도, 내일도, 죽음이 나를 삼키는 날까지 들어도 싫증나지 않는 말이다.

우리가 함께 살아가다 보면 때로는 싫증날 수도 있다. 그리고 때로는 귀찮다는 생각이 들 때도 있다. 매일 부딪히는 얼굴이기에 이제는 식상할 수도 있다. 서로 다른 생각과 의견 때문에 얼굴을 붉힐 때도 있다. 더구나 하루 종일 부부가 함께 일을 해야 하는 경우에는 등을 돌리고 일할 수도 있다. 그래도 생각해보면 얼마나 소중한 사람인가? 그 사람이 있기에 나의 존재 가치를 확인할 수 있고, 그 사람이 있기에 다른 사람들로부터 무시당하지 않고, 나의 시들어가는 꽃조차도 작은 향기를 발할 수 있다. 그러니 어떻게 감사하지 않을 수 있겠는가? 이런 마음으로 "감사해요~ 고마워요~"라고 하는 당신의 말은 상대방의 가슴을 뛰게한다. 상대방의 마음에 감사의 물결을 불러일으킨다. 감사는 상대방을 행복하게 하는 데서 끝나지 않는다. 자신을 행복하게 만드는 비결이기도 하다.

어느 학자가 사람들을 세 팀으로 나누어 팀별로 세 가지 일에 집중하도록 하는 실험을 했다. 첫 번째 팀은 기분 나쁜 일에 집중하도록, 두 번째 팀은 감사할 일에 집중하도록, 그리고 세 번째 팀은 일상적인 일에 집중하게 했다. 결과가 어땠을까? 어느 팀이 가장 행복했을까? 말할 것도 없다. 감사할 일에 집중한 팀이 가장 큰 행복을 느꼈다. 그렇다면 감사는 남을 위한 것이 아니다. 사실은 자신에게 가장 큰 혜택이 돌아온다. 감사는 행복을 길어낸다.

# 더 큰 은혜를 누리게 하는 감사

감사는 하나님의 은혜와 축복을 계속해서 받을 수 있는 삶의 특징이다. 하나님은 감사하는 사람에게 더 큰 은혜와 복을 주신다. 그러므로 감사할 줄 모르는 사람은 하나님의 은혜와 복을 스스로 가로막는 셈이다. 많은 것을 가지고도 감사하지 못하는 사람은 점점 가진 것을 잃게 된다. 그러나 적은 것을 가지고도 감사하는 사람은 더 많은 것을 받게 된다. 예수님은 보리 떡 다섯 개와 물고기 두 마리를 가지고 감사의 기도를 드렸다. 그리고 그것을 나누어주었더니 기적이 일어났다.

날씨는 태양에 의해 결정되는 것이 아니라 구름에 의해 결정된다. 태양은 항상 밝게 빛나고 있을 뿐이다. 우리 영혼의 날씨도 원망과 불평의 구름에 가려지면 흐림이 된다. 원망과 불평의 구름이 끼도록 방치하지 않아야 한다. 당신의 영혼에 감사의 햇살이 환하게 내리비치면 당신의 영혼은 맑음이 된다. 감사의 햇살이 불평의 구름에 가려지지 않도록 주의해야 한다. 불평이 연속되면 당신의 영혼에 장마가 시작된다. 행복은 감사의 문으로 들어오고 불평의 문으로 나가기 때문이다.

비록 자신이 불행하다고 느껴질지라도 감사하면 행복한 사람이 된다. 반면 행복한 사람이라도 불평을 하면 불행한 사람이 된다. 행복을 기대하는가? 감사하라. 축복을 더 받고 싶은가? 하나님을 향해 감사하라. 그리고 옆에 있는 사람에게 감사하라. 당신의 눈으로 보는 것마다 감사하라. 감사하면 하나님의 은혜가 당신의 영혼에 임하게 된다.

일본의 신학자 우찌무라 간조는 '감사는 은혜받는 그릇'이라고 말했다. 하나님은 감사의 그릇에 축복과 은혜를 내려주신다. 그렇다면 감사의 그릇 크기를 키워야 한다. 이 감사의 그릇이 크면 클수록 하나님의 은혜가 크게 임한다. 비가 올 때 큰 그릇을 밖에다 두면 많은 양의 물을 담을 수 있다. 그런데 그릇이 작으면 억수같이 쏟아지는 비가 있더라도 물은 흘러넘칠 뿐이다.

사울은 많은 것을 누리면서도 감사하지 못하고 만족하지 못했다. 그랬더니 하나님은 그에게서 많은 것을 거두어가셨다. 그러나 다윗은 힘들고 고달픈 삶 속에서도 하나님의 임재 안에서 감사의 그릇을 크게 가졌다. 그랬더니 하나님은 많은 것으로 채워주셨다. 솔로몬 역시 집권 초기에는 가진 것으로 크게 감사했다. 그랬더니 하나님은 부귀영화를 그에게 넘치도록 부어주셨다. 당신도 큰 은혜와 축복을 누리기 원하는가? 감사의 그릇을 크게 만들어라. 하나님이 채우실 것이다.

우리는 세상을 살아가면서 다른 사람에게 은혜를 받기도 하고 은혜를 베풀기도 한다. 다른 사람에게 은혜를 많이 받고 사는 사람보다 남에게 은혜를 베푸는 사람이 잘된다. 다른 사람에게서 받는 것에 익숙한 사람은 자꾸 더 받기를 좋아한다. 또 받은 일에 대해 만족하기보다는 더 많이 받지 못한 것에 대하여 불평한다. 그래서 때로는 구제하는 일이 사람들로 하여금 거지 근성을 갖게 한다. 그러나 은혜를 베풀기 좋아하는 사람은 기회가 되는 대로 더 베풀고자 한다. 기쁘고 만족스럽기에. 하나님은 은혜 베푸는 일을 '꾸어주는 것'으로 표현하신다. 우리가 남을 도와주는 일은 내가 꾸어주는 것과 같다. 우리가 언젠가는 받을 날이 있다는 뜻이다. 하나님이 갚아주시기도 하지만 사람들로부터 받게 되기도 한다.

내가 남에게 은혜를 베풀었을 때를 생각해보라. 은혜를 모르고 스스로 잘난 체하는 사람에게는 더 이상의 은혜를 베풀고 싶지 않다. 그러나 받은 은혜를 알고 늘 감사하는 사람에게는 더 큰 것으로 은혜를 베풀고 싶어진다. 하나님 역시 그 자녀가 감사할 때 더 큰 은혜, 더 큰 축복, 더 큰 행복을 덤으로 주길 원하신다.


## 영적 성숙의 증거인 감사

감사는 영성이다. 영적 성숙이 없이는 감사할 수 없고, 감사 없이는 영적 성숙도 이루어질 수 없다. 영적으로 성숙한 사람은 상황을 초월해서 감사한다. 그러나 성숙하지 못한 사람은 상황에 관계없이 원망하고 불평한다. 감사의 영성으로 채워지지 않았기 때문이다. 만일 당신의 삶이 감사로 채워져 있다면 당신은 분명히 영적으로 성숙한 사람이다. 감사의 영성을 가진 사람은 주변으로부터 인정받고 맡겨진 일을 능력 있게 감당할 수 있다.

우리가 누리는 모든 좋은 것은 다 변치 않는 하나님으로부터 나온다. "온갖 좋은 은사와 온전한 선물이 다 위로부터 빛들의 아버지께로부터 내려오나니 그는 변함도 없으시고 회전하는 그림자도 없으시니라"(약 1:17). 하나님이 모든 능력과 은사의 원천이시다. 그렇다면 당신은 어떻게 좋은 것을 얻을 수 있는가? 그 비결은 바로 감사다. 우리는 감사를 통해서 하나님께 나아갈 수 있다. "감사함으로 그의 문에 들어가며 찬송함으로 그의 궁정에 들어가서 그에게 감사하며 그의 이름을 송축할지어다"(시 100:4). 감사함으로 여호와께 나아가는 자는 좋은 것을 풍성하게 얻게 된다.

그렇다면 영성을 가진 성도는 어떻게 감사해야 하는가? 먼저 종살이 같은 속박된 삶 속에서도 감사해야 한다. 우리는 때때로 우리의 삶을 부자연스럽게 하는 속박과 올무에 매여 있을 수 있다. 그러나 그럼에도 감사해야 한다. 하나님은 능히 이와 같은 억압된 삶 속에서도 승리하게 하실 수 있는 분이시다. 능히 감당하게 하실 뿐만 아니라 오히려 열악한 상황 속에서 하나님을 영화롭게 할 것이기 때문이다. "애굽의 장자를 치신 이에게 감사하라. 그 인자하심이 영원함이로다"(시 136:10). "강한 손과 펴신 팔로 인도하여 내신 이에게 감사하라. 그 인자하심이 영원함이로다"(시 136:12). 당신을 속박하고 있는 영적인 애굽은 무엇인가? 평생 은혜를 베푸시는 하나님은 반드시 그 속에서도 당신을 이끌어주신다.

때때로 우리는 사면초가의 절박한 상황에 처할 수도 있다. 그러나 그때도 감사하라. 미국의 위대한 신학자 데이비드 목사는 이런 말을 했다. "감옥과 수도원의 공통점은 세상과 고립되어 있다는 점이다. 다만 차이가 있다면 불평을 하느냐, 감사를 하느냐의 차이일 뿐이다. 감옥이라도 감사를 하면 수도원이 될 수 있고, 수도원이라도 불평을 하면 감옥이 될 수 있다." 감옥이냐, 수도원이냐도 매우 중요할 수 있다. 그러나 우리가 경험하는 현실의 상황이란 어떻게 받아들이느냐에 따라 얼마든지 달라질 수 있다.

절박한 상황이나, 이럴 수도 저럴 수도 없는 상황 속에서도 감사하라. 숨통이 터질 것 같은 절망적인 상황 속에서도 평생 은혜를 베푸시는 하나님은 여전히 살아 계신다. 하나님은 지금도 홍해를 가르시는 분이다. "홍해를 가르신 이에게 감사하라. 그 인자하심이 영원함이로다"(시 136:13). 하나님이 개입하시면 건널 수 없이 넘실거리는 홍해도 갈라진다. 그때 하나님은 당신을 마른 홍해 바닥 길을 건너게 하신다. 그러나 바로와 그 군대는 수장시키실 것이다. "바로와 그 군대를 홍해에 엎드러뜨리신 이에게 감사하라. 그 인자하심이 영원함이로다"(시 136:15). 알고 있는가? 홍해가 있기 때문에, 바로의 군대가 추격하고 있기 때문에 강에 내시는 마른 땅을 경험할 수 있음을.

때때로 우리는 불확실한 미래를 바라보며 두려움에 떤다. 그러나 그때도 감사하라. 하나님을 믿고 따라간다고 하지만 우리는 여전히 염려에 휩싸이고 두려움과 공포에 질리기도 하며, 심지어 조급증에 시달리기도 한다. 그러나 하나님을 신뢰하라. 하나님은 상황을 능히 바꾸실 수 있는 분이다. 상황과 문제보다 크신 하나님을 깊이 신뢰하고 감사를 선포하라.

원수가 더 큰 힘과 권위로 당신을 위협할 때도 감사하라. 그들이 당신을 억압하고 짓밟는다는 생각이 드는가? 그가 당신을 비난하고 조롱할 수 있다. 심지어 악의를 품고 화살을 겨누고 사람들 속에서 비난하고 힐난해서 곤란에 빠뜨릴 때, 정말로 참기가 어렵지만 그래도 감사를 선택하라. 하나님은 언젠가 그 원수를 수치스럽게 할 것이다. '저이만 없으면 세상을 살 것 같다'라고 생각되는 바로 그때, 그 사람을 인해 감사하라. 하나님은 그를 통해 당신을 다듬어 더 멋진 그릇으로 빚으실 거니까.

감사지수를 보면 당신의 영적 성숙도를 가늠할 수 있다. 당신의 상황이 감사를 가로막는 것이 아니라 당신의 영성이 감사를 가로막는다. 감사의 영성으로 당신의 삶을 아름답게 채색하라. 하나님은 더 좋은 선물을 준비하실 것이다. 그리고 감사하는 당신은 더 아름다운 영성으로 당신의 영혼을 성장시킬 것이다.

이에 대하여 옥스퍼드대학교의 R. T. 캔달 교수는 "사람들이 감사를 표하지 않으면 우리는 그들을 좋게 생각하지 않는다. 감사하지 않는 사람들을 그냥 지나치기란 쉬운 일이 아니다. 예외가 있다면 어린 자녀일 것이다"라고 말했다. 그렇게 볼 때 감사는 영적 성숙과 정비례한다.

　우리는 어린아이가 감사하지 않고 불평불만을 늘어놓을 때 그다지 불쾌하게 받아들이지 않는다. 어려서 그런 거니까. 그런데 성장한 자녀가 감사하지 않고 늘 불평으로 가득 차 있다면 그 불평을 들어주지 않는다. 오히려 꾸짖는다. 이제는 감사할 정도로 성숙한 나이가 되었기 때문이다. 당신이 영적으로 성숙했다면 이제 불평을 멈춰야 한다. 그리고 감사로 당신의 영혼과 인생을 아름답게 물들여야 한다.

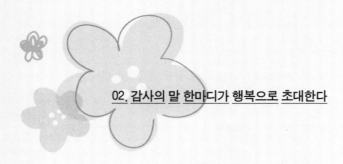

## 02. 감사의 말 한마디가 행복으로 초대한다

어느 주일이었다. 예배에 들어가기 전 목양실에서 대표기도를 하실 장로님과 차 한 잔 나누면서 대화를 했다. 그 장로님은 다니던 직장에서 정년퇴직 후 다른 직장에서 일하고 계셨다.

"장로님, 직장에 다니시느라 피곤하시지요? 건강은 괜찮으세요?"

"예, 괜찮습니다. 지난 밤, 밤새워 근무하고 지금 막 퇴근하는 길이에요. 그래도 일할 수 있다는 게 얼마나 감사해요."

"맞아요. 감사하죠. 감사하며 일하면 피곤한 것도 모르는 법이지요. 장로님은 행복해 보입니다."

생각해보면 얼마나 감사한 인생인가? 일할 수 있는 일터를 주신 게, 부족하고 연약한 자가 쓰임받을 수 있다는 게. 현재도 사용하시는 은혜가 감사하고, 앞으로도 사용하실 은혜를 생각하면 그저 감사할 따름이다. 평생 은혜를 누리고 사는 인생이니 감사로 인생의 바이러스를 퇴치해야 한다.

우리의 인생을 위협하는 바이러스는 부지기수다. 언제 어떻게 병원균에 감염될지 아무도 장담할 수 없다. 나는 아니라고, 어느 누가 그렇게 말할 수 있단 말인가! 세상 그 어디에 안전지대, 무풍지대가 지정되어 있던가? 보장되지 않는 인생에게 유일한 피난처가 있다면 그건 전능하신 주님의 품이다. 갈릴리 바다의 광풍과 광란의 물결을 잔잔하게 하시는 주님, 그분 안에서 누리는 고요와 평온으로 마음과 인생을 침투하는 바이러스를 물리치며 사는 게 건강한 인생이다.

## 감사는 행복으로 들어가는 문이다

우리가 가져야 할 감사에 대한 바른 태도가 있다. 먼저, 감사는 의무임을 기억해야 한다. 이에 대하여 캔달 교수는 이렇게 말한다. "감사는 우리에게 기쁨과 복을 주지만 무엇보다도 우리의 의무이기에 하나님은 우리의 감사에 고마워하실 필요가 없다. 그렇기 때문에 우리가 하나님께 감사하면 마땅히 그분의 복을 더 받아야 한다는 생각을 절대로 하지 말아야 한다. 감사는 의무이기 때문이다." 주님이 맡겨주신 일을 감당하는 우리가 기억해야 할 사실이 있다. "이와 같이 너희도 명령받은 것을 다 행한 후에 이르기를 우리는 무익한 종이라. 우리가 하여야 할 일을 한 것뿐이라 할지니라"(눅 17:10).

또 하나 기억해야 할 사실이 있다. 그것은 감사에 대한 아이러니이기도 하다. 하나님은 우리가 하는 감사를 결코 잊지 않으신다는 사실이다. 캔달 교수는 감사는 성도가 하나님께 가져야 할 마땅한 의무사항이라고 하면서도 첨언하는 게 있다. "하나님에 대한 감사는 우리의 의무이기 때문에 그것이 하나님의 칭찬으로 이어져야 하는 것은 아니지만, 그럼에도 불구하고 하나님은 우리가 감사할 때 주목하시고 우리가 감사하는 모습을 좋아하신다."

하나님이 좋아하시는데 주저할 게 뭐가 있겠는가? 하나님께 감사하는 것은 분명히 특권이자 의무이다. 그래서 "제가 하나님께 감사했으니 날 알아주세요"라고 말해서는 안 된다. 그럼에도 불구하고 하나님은 우리가 드리는 감사를 못 본 체하시는 분이 아니다. 그러므로 우리는 내 입에서 "감사합니다, 고맙습니다"라는 말이 떠나지 않게 해야 한다.

우리가 그렇게 해야 하는 또 다른 이유가 있다. 그것은 당신이 하는 그 말이 상당한 위력을 가지고 있기 때문이다. 어떤 말을 하느냐는 자신의 선택이요 결정이다. 그러나 우리가 하는 말 한마디의 위력을 잊어서는 안 된다. 우리 입에서 나오는 말은 절대로 헛되지 않는다. 반드시 열매로 돌아온다. 말은 부메랑이요 씨앗이다. 그것도 내가 던진 것보다 훨씬 더 크게 돌아올 수 있다. 말은 창조의 능력을 가지고 있다. 그 말에 의해 하나님께 심판도 받게 된다. 당신이 한 말은 당신이 생각하는 것보다 훨씬 더 큰 위력을 가지고 있음을 잊지 말아야 한다. 그래서 어떤 말을 할 것인지 잘 선택해야 한다.

부부싸움을 한 직후 화가 머리끝까지 난 사람들의 입김을 모아서 독극물 실험을 해보았다. 그런데 그 결과가 너무나 놀라웠다. 코브라의 독보다 더 강한 맹독성 독극물이 검출되었던 것이다. 또한 사람을 가두고 약을 올려 신경질이 잔뜩 난 상태로 만들어서 타액을 검사해보았다. 그런데 황소 수십 마리를 즉사 시킬 만한 어마어마한 양의 독극물이 검출되었다는 충격적인 보고도 있다. 이처럼 인간의 입에서 나오는 말은 간단히 취급할 문제가 아니다. 엄청난 독성을 가지고 있는 말을 함부로 사용하는 것은 세상과 사람들을 파괴시키는 일이다. 그러니 어떻게 나쁜 말, 부정적인 말을 사용할 수 있겠는가? 시퍼런 칼을 들고 다른 사람을 죽여야만 살인이 아니다. 어떤 사람들은 마음에 품은 칼을 들고 사람들이 알지 못하게 살인을 하고 있다.

그뿐만이 아니다. 일본의 한 과학자가 쓴 「물은 답을 알고 있다」란 책에는 이런 내용의 글이 소개 되어 있다. 물에 대고 "감사하다, 사랑한다"는 말과 같은 긍정적인 단어를 계속해서 들려주었다. 그러자 물 분자가 아주 멋지게 정렬된 육각수 형태의 결정체 구조로 변했다. 저자는 그러한 모습을 촬영해서 전 세계에 반향을 불러일으켰다. 그의 분석에 의하면 물에 "미워, 싫어, 사탄"과 같은 저주를 퍼붓고 나면 즉시 물 분자는 심하게 찌그러진 형태가 된다고 한다. 반면 아름다운 음악을 들려주면 질서정연한 모습으로 정돈된다는 것이다. 또한 시끄럽고 파괴적인 음악이나 소음을 들려주면 분자구조가 매우 일그러지는 것을 보여주었다.

이와 같이 인간의 말은 위대한 힘을 갖고 있다. 당신은 어떤 말을 선택할 것인가? "사랑한다, 감사하다"라는 말을 선택할 것인가? 그렇지 않으면 "싫어, 짜증나, 안 돼!"와 같은 말을 선택할 것인가?

운전을 하는데 옆에 있는 차가 끼어들기를 하려고 했다. 그런데 다른 차들이 끼어주지를 않았다. '어떤 사정이 있어서 끼어들겠지?'라고 생각하고 양보해주었다. 그런데 그 차는 끼어들더니 '쌩~' 하고 가버렸다. 그 순간 감정이 상했다. 깜빡이로 감사하다는 신호를 좀 주면 안 되나? 손 한 번 들어주는 게 그렇게 어렵지는 않은데…. "고맙습니다, 감사합니다." 짧은 한마디지만 자신도 기분 좋고 다른 사람도 행복하게 만드는 말이다. 말 한마디로 천 냥 빚을 갚을 수 있다. 감사하는 말 한마디로 더 큰 은혜를 몰고 올 수 있다.


## 불평과 실패의 바이러스 퇴치법

사람들은 자주 불평불만을 털어놓는다. 그런데 이것은

'불행과 실패의 바이러스'이다. 행복을 느끼면서 살아가는 사람이 이런저런 불평을 늘어놓는 것을 보았는가? 성공한 사람들이 남을 탓하면서 세상을 원망하는 것을 보았는가? 절대 그렇지 않다. 운동 경기를 할 때 승리자는 심판에게 따지는 법이 없다. 따지고 불평하는 사람은 운동 경기에서 진 사람이다. 미숙한 목수가 연장 탓을 하는 것과 같다.

아직까지 불평불만으로 가득 차 있는가? 평생 은혜를 누리려면 마음과 영혼을 갉아먹는 불평불만을 제거해야 한다. 출애굽한 이스라엘 백성 1세대는 불평불만을 늘어놓는 노예근성을 버리지 못해서 결국 약속의 땅 가나안 입성을 금지당했다. 왜 스스로 패망의 길로 내딛는가?

하지만 감사는 탁월한 '행복과 성공 바이러스'이다. 감사하는 사람은 얼굴이 밝다. 입가에는 늘 다정하고 흐뭇한 미소를 머금고 있다. 마음이 편하고 영혼에 기쁨이 있으니 하는 일마다 잘 풀린다. 일이 잘 풀리니 다른 사람들을 신나고 행복하게 만든다. 감사야말로 당신의 인생과 주변 사람들에게 행복을 선물하는 좋은 바이러스다.

불행과 실패의 바이러스인 불평과 불만도 엄청난 속도로 전염되는 영향력을 지니고 있다. 마찬가지로 행복과 성공의 바이러스인 감사도 수많은 사람에게 영향을 미친다. 중요한 것은 "내가 어떤 종류의 바이러스를 전염시키고 있는가?" 하는 점이다. 그리고 "내가 어떤 바이러스에게 감염되어 있는가?"를 점검하는 것이다. 그 바이러스에 의해 자신의 운명이 달라지기 때문이다.

어떤 사람은 참 좋은 사람이다. 매사가 긍정적이고 적극적이다. 그런데 매사에 불평불만을 털어놓고 다른 사람들을 비난하고 깎아내리는 사람과 늘 어울려 다녔다. 그러자 놀랍게도 얼마 지나지 않아 그 사람처럼 똑같이 변했다. 매사에 부정적이고 비판적이 되었다. 그런데도 그것을 좀처럼 깨닫지 못한다.


영국에 한 크리스천 여인이 있었다. 그녀가 사는 동네에 건강이 좋지 않아 침대에만 누워 지내는, 예수님을 믿지 않는 이웃이 있었다. 여인은 다른 여성도와 함께 매주 목요일이면 누워 지내는 길 건너의 이웃을 방문했다.

여러 달이 지난 어느 날이었다. 길 건너에 사는 불신자인 이웃이 자신을 중보기도한 크리스천 여인의 집으로 찾아와 이렇게 말했다.

"그동안 저를 축복해주셔서 감사합니다. 저를 그토록 축복해주셔서 제가 다 나았습니다."

이 말을 듣고 놀란 여인은 자신이 축복하는 것을 어떻게 알았느냐고 물었다. 그러자 그녀는 이렇게 대답했다.

"당신은 제가 모르게 조용히 와서 중보기도만 해주고 가셨지만 그때마다 저는 온몸으로 그것을 느낄 수 있었어요. 사랑과 은혜를 느낄 수가 있었답니다. 정말 감사합니다."

그러면서 이렇게 덧붙였다.

"저도 당신이 믿고 있는 예수님에 대해 알고 싶어요."

그날 여인은 아무런 어려움 없이 그 이웃을 예수님께 인도할 수 있었다.

다른 사람들이 나의 상태를 모른다고 생각해서는 안 된다. 그들은 내 마음과 영혼의 상태를 너무나 잘 알고 있다. 거기에 영향을 받고 있다. 그렇기에 불평불만을 전염시키지 말고 감사와 축복을 전염시켜야 한다.

언론인이자 학자인 그레그 이스터브룩은 자신이 쓴 「진보의 역설」이라는 책에서 "우리는 왜 더 잘살게 되었는데도 행복하지 않은가?"라는 질문을 던진다. 1950년대에 비해 미국인들의 실질소득은 두 배 이상 증가했다. 그러나 미국인들은 행복하다고 말하지 않는다. 평균적인 미국인과 유럽인은 지금까지 살았던 인류의 99퍼센트보다 더 잘 살뿐만 아니라 역사에 기록된 대부분의 왕족보다도 더 화려하게 살고 있다. 그런데도 별로 행복하다고 느끼지 않는다. 오히려 통계에 의하면 미국과 유럽에서 단극성 우울증환자가 50년 전보다 10배나 더 많아졌다고 한다.

그렇다면 그 이유가 도대체 무엇인가? 저자는 서구 제도의 두 가지 심각한 결함으로 모든 사람이 지나치게 많이 사서 소비한다는 점과 부유층의 극단적인 탐욕을 든다. 저자는 생활이 윤택해지는 데도 오히려 더 나빠진다고 느끼는 이유로 선택 불안, 풍요 부정, 붕괴 불안, 충족된 기대의 혁명 등을 열거한다.

'선택 불안'은 사회적 힘에 구속된 나머지 선택해야 할 것이 지나치게 많아 선택 자체가 고통의 원인이 되는 상황이다. '풍요 부정'은 자신이 가난하다는 교묘한 정신적 논리를 꾸며내고 그렇게 믿음으로써 스스로의 삶을 불행하게 만드는 결과를 초래하는 것이다. '붕괴 불안'은 경제 불황, 환경 오염, 자원 고갈, 테러리즘, 인구 증가 등으로 세상이 붕괴할지 모른다는 불안감이 팽배해 현재의 풍요를 마음껏 누리지 못하는 현상이다. '충족된 기대의 혁명'은 꿈꾸고 간절히 원했던 것들을 실제로 얻게 된 현실에 동반되는 불안한 감정을 뜻한다. 사람들은 "자신의 행복을 현재 어디에 있느냐"가 아니라 "앞으로 주변 환경과 소득이 얼마나 좋아질 것이냐"를 근거로 판단한다는 것이다. 저자는 용서하고 감사하며 낙천적인 태도를 갖는 것이 '자신'을 위해 유익하다고 주장한다. 이타적인 행동이 궁극적으로는 '자신의 행복'을 위해서 필요하다는 것이다.

미국의 어떤 백인 부부가 있었다. 그들에게는 풀브라이트 장학금으로 남아프리카공화국에 유학을 간 딸이 있었다. 그런데 이 딸이 반(反)인종분리정책 운동을 돕다가 흑인 청년들에게 죽임을 당했다. 부부는 분노가 일어나고 참을 수 없었지만 딸을 죽인 두 흑인 청년을 사랑으로 용서했다. 그러자 이상한 일들이 일어났다. 마음에서 분노가 사라지고 평화를 느끼게 되었으며, 이전보다 더욱 행복한 삶이 찾아왔다. 결국 용서하고 감사하는 태도가 분노하는 것보다 훨씬 이롭다는 것을 알게 되었다. 용서를 잘하는 사람은 우울증에 덜 걸리고 더 훌륭한 사회후원자를 얻는 경향이 있다.

나의 상태는 다른 사람에게 영향을 미친다. 그런데 나의 상태는 다른 사람을 위한 것이라기보다는 바로 나 자신을 위한 것이다. 그렇기에 하나님의 은혜로 살아가는 나는 일상 속에서 감사를 찾아내야 한다. 당신은 주변 상황에 의해 영향을 받고 있다기보다는 당신 안에 있는 내적인 것에 의해 영향을 받고 있음을 기억해야 한다. 당신의 행복을 위해 자신의 내적인 상태를 잘 관리해야 한다.


## 비난의 영성! 감사의 영성!

누구나 홀로 살아갈 수는 없다. 하나님은 인간을 만드실 때 함께 더불어 사는 존재로 만드셨다. 그래서 사람을 의미하는 '人' 자는 서로 기대며 살아가는 모습을 가지고 있다. 때로는 기대는 것이 불편할 수도 있고 거추장스러워서 짜증날 때도 있다. 그러나 함께 더불어 살아가는 인간의 공동체성을 떠날 수는 없다.

인간이 더불어 살아가는 존재라면 문제는 서로가 가지고 있는 약함과 단점을 대하는 우리의 태도에 있다. 누구나 장점을 가지고 있으면 단점도 가지고 있다. 문제가 되는 것은 장점이 아니라 단점이다. 대부분의 사람들은 상대방의 단점만 보고 흠을 잡는 나쁜 버릇을 갖고 있다. 남의 흠을 잘 잡는 사람은 세상에서 가장 어리석은 사람이다. 왜냐하면 자신을 제대로 모르기 때문이며, 관계를 파괴하기 때문이다. 인간의 참된 미덕은 상대방의 단점보다도 장점을 보고 칭찬하는 데 있다.

흠잡기를 일삼는 사람은 남의 약점을 발견하기 위하여 자기 자신을 전부 낭비하고 있다. 남을 비판하는 사람은 그 누구보다도 제일 먼저 자기 자신이 피해를 본다. 사람은 남을 비판할 때마다 자신의 몸에 독침을 주는 결과를 초래한다. 당신이 마음의 평화를 얻으려면 비판 대신 다른 사람의 장점을 발견하여 칭찬해주어야 한다. 다른 사람을 칭찬하기까지는 힘들지 몰라도 칭찬을 하고 나면 기쁨과 평안이 찾아든다. 다른 사람을 비난하는 일은 쉬울지 몰라도 비난하고 나면 기쁨이 사라지고 평화가 도망간다. 남을 못살게 괴롭히는 사람치고 마음의 평화를 누리는 사람은 없다. 다른 사람을 해치려고 음모하는 자는 남을 해치기 이전에 자기 자신이 먼저 해를 당한다는 사실을 기억해야 한다.

심리학자들은 사람들이 비판을 즐기는 이유를 다음과 같이 말한다. 첫째, 사람은 자기의 위신을 높이기 위해서 남을 비판한다. 둘째, 사람은 자기가 당하고 있는 비참함을 남에게 보복하기 위해서 비판한다. 셋째, 사람은 모든 사람의 공통적인 약점인 죄책감, 고민거리를 꼬집어서 비판한다. 어떤 이유에서건 다른 사람을 비판하고 비난하는 것은 유익하지 못하다.

대화의 주제를 보면 그 사람의 됨됨이를 알 수 있다. 큰 사람의 주된 화제는 아이디어이고, 보통 사람의 주된 화제는 물질이며, 작은 사람의 주된 화젯거리는 남의 험담이다. 예로부터 큰 사람은 남을 험담하지 않았다. 바쁜 세상에 남을 험담할 여유가 어디 있는가? 당신은 어떤가? 혹시 남을 험담하는 데 인생을 낭비하고 있지는 않는가? 칭찬을 받으려면 먼저 칭찬하라. 칭찬하지 않고 칭찬을 받으려고 하는 것은 헛된 망상이다. 우리는 이런 경구를 마음에 새기고 생활해야 한다. "칭찬을 받으려면 칭찬을 먼저 하고 험담을 들으려면 험담을 먼저 하라." 씨앗은 뿌린 대로 열매를 거둔다. 비판의 씨앗을 뿌려놓고 칭찬의 열매를 기대할 수 없다. 칭찬의 열매를 맺으려면 비판을 멈추고 지금부터라도 다른 사람을 칭찬해야 한다.

우리는 이따금 공동체의 온전치 못함 때문에 고민하고 실망한다. 그러나 우리는 공동체에 대한 그릇된 환상을 버려야 한다. 나치에 대항하다가 순교한 독일 목사 디트리히 본훼퍼는 「신도의 공동생활」이라는 책에서 "교회에 대한 환멸은 우리의 완벽함에 대한 잘못된 기대를 없애주기 때문에 좋은 것이다"라고 했다. 교회가 완벽해야 사랑받는다는 환상을 빨리 버리면 버릴수록 우리는 더 빨리 겉모습을 버리고 우리 모두가 불완전하며 은혜를 필요로 한다는 사실을 받아들일 것이다. 이것이 진정한 공동체의 시작이다.

모든 교회는 사실 이런 '푯말'을 내걸고 있다. "완벽한 사람은 지원하지 않아도 됩니다. 이곳은 스스로가 죄인이고, 은혜가 필요하다는 것을 인정하며, 영적으로 성장하길 원하는 사람만을 위한 곳입니다." 본회퍼는 공동체를 파괴하는 사람을 이렇게 지적한다. "공동체 자체보다 공동체에 대한 자신의 꿈을 더 사랑하는 사람은 그 공동체를 파괴하는 사람이다. 만일 우리가 속한 공동체에 대해 경험이나 예산의 부족, 약점, 작은 믿음, 그리고 어려움에도 불구하고 매일 감사하지 않으면서 모든 것이 하찮고 사소하다고 불평한다면 우리는 하나님이 세우신 공동체의 성장을 막는 것이다."

우리는 교회의 불완전함에도 열정을 가지고 교회를 사랑해야 한다. 비판하면서 이상을 추구하는 것은 성숙하지 못한 행동이다. 반면 이상에 대한 노력 없이 현실에 안주하는 것은 자기만족일 뿐이다. 다른 그리스도인들이 우리를 실망시키고 절망하게 할 수도 있지만 그렇다고 교제를 끝낼 수는 없다. 그들이 가족처럼 행하지 않을지라도 여전히 우리의 가족이기에 그들을 떠날 수는 없다(엡 4:2). 만약 교회가 완벽해서 우리를 만족시켜줄 수 있다면 그 완벽함 때문에 우리는 그 교회의 구성원이 될 수 없을 것이다. 왜냐하면 우리는 완벽한 존재가 아니기 때문에.

어떤 사람은 비난의 영성으로 자신을 망쳐놓고 있다. 어떤 사람은 칭찬과 감사의 영성으로 자신의 인생을 아름답게 단장한다. 탈무드에서는 "세상에서 가장 지혜로운 사람은 배우는 사람이고 세상에서 가장 행복한 사람은 감사하며 사는 사람이다"라고 말한다. 다른 사람이나 공동체의 약한 부분이나 단점을 보더라도 감사의 영성으로 소화해내는 능력을 길러야 한다. 그러면 자신이 행복해질 수 있고, 또 주변 사람들도 행복하게 할 수 있다.


## 불평 No! 감사 Yes!

우리가 가지고 있는 습관은 강한 힘을 갖고 있다. 일반적으로 부정적인 습관은 쉽게 몸에 배는 반면, 긍정적인 습관은 좀처럼 몸에 배지 않는다. 그래서 많은 훈련과 노력이 필요하다. 사실 습관만 잘 관리해도 인생이 확 달라진다. 인생에 불평하는 습관만큼 마이너스 요인은 흔치 않다. 사람들은 불평하는 습관을 가지고도 문제의식 없이 잘만 살아간다. 안타까운 일이다.

인도 속담에 "신발이 없다는 불평은 양쪽 발이 없는 사람을 만나기 전까지다"라는 말이 있다. 사람은 울면서 태어나 불평하며 살다가 실망하여 죽는다는 말이 맞다.

불평에 대한 재미있는 유머가 있다. 어느 식당에서 한 손님이 웨이터를 귀찮게 불러댔다. 처음에는 실내가 너무 덥다며 에어컨을 세게 틀라고 주문했다. 그리고 조금 있다가 너무 서늘하니 에어컨을 줄이라고 주문했다. 그러기를 두세 번 반복하면서 투덜거렸다. 이정도가 되면 웨이터가 화낼 만도 하지 않은가? 그런데 웨이터는 참을성 있게 친절하게 대했다. 보다 못한 다른 손님이 웨이터를 불러서 안타깝다는 듯이 말했다.

"당신은 화도 안 납니까? 저런 작자를 왜 내쫓지 않는 거요!"

그러자 웨이터가 싱긋 웃으면서 대답했다.

"아, 괜찮습니다. 우리 식당엔 원래 에어컨이 없습니다."


어느 날, 미국의 유명 토크쇼 〈오프라 윈프리 쇼〉에 한 목회자가 팔찌를 차고 출연했다. 진행자가 물었다.

"팔찌는 어떤 의미를 가지고 있습니까?"

그러자 출연자는 손을 들어 팔찌를 보이면서 설명했다.

"이것은 감사 팔찌입니다. 본래 명칭은 불평 팔찌이지요. 불평이 행복을 부식시킨다는 것을 깨닫고 이 팔찌를 만들게 되었습니다."

그러면서 그는 사용 방법을 설명했다.

"이렇게 오른손이든 왼손이든 팔찌를 찹니다. 그러다가 불평을 했다고 깨닫게 되면 다른 손목으로 바꾸어 차는 겁니다. 처음엔 교환 횟수가 꽤 많지만 나중에는 현저히 줄어듭니다. 교환 횟수가 줄어든 만큼 불행하다는 생각, 우울증도 줄어들지요."

이 운동은 미국의 한 교회 목사로부터 시작되었다. 윌 보웬 목사는 출석 성도가 250여 명 되는 크라이스트처치 유니티교회의 목사이다. 그 교회는 미주리 주 캔자스시티에 위치해 있다. 2006년 7월 성공을 위한 영적 원리에 관한 학습 모임을 이끌던 보웬 목사는 깊은 영감을 받았다. 그는 "인간이 겪는 모든 불행의 뿌리에는 불평이 있다"는 사실을 깨달았다. 그는 이렇게 말한다.

"세상에는 너무 많은 불평과 비난이 있고, 세상은 결코 우리가 '이렇게 됐으면…' 하고 바라는 곳이 아닙니다. 이 두 사실 사이에 상관관계가 있다고 생각했습니다."

그는 우선 자신의 교회 성도들에게 21일(3주) 동안 불평이나 비난, 험담, 부정적인 말을 하지 않도록 요청했다. 심리학 이론에 따르면 21일은 새로운 습관이 몸에 배는 데 평균적으로 걸리는 시간이기 때문이다.

참여자들에겐 자신의 맹세를 항상 잊지 않도록 고무 재질의 보랏빛 팔찌를 지급했다. 본래는 '불평 팔찌'였는데 지금은 '감사 팔찌'로 부른다. 참가자들은 한쪽 팔에 팔찌를 끼고 다니는데, 자신의 입에서 불평이나 비난이 나오는 것을 알아차렸을 때 팔찌를 다른 팔목으로 옮겨 끼는 것이다. 목표는 21일 연속으로 나쁜 말을 하지 않아 이 기간 동안 팔찌가 같은 팔목에 머물도록 하는 것이다. 이 목표를 달성하면 팔찌를 풀고 인증서를 주는 의식을 베풀었다.

보웬 목사에 따르면 대부분의 사람들은 하루 평균 15~30차례 불만을 터뜨리거나 남을 비난한다. 이를 극복하고 팔찌를 제거하는 데는 보통 4~10개월이 걸린다. 성도 250여 명의 중소형 교회에서 시작된 운동이지만 이 운동은 성도들의 삶을 변화시켰고, 입소문을 타면서 지역 언론의 조명을 받게 되었으며, 결국 미국 전역으로 번져갔다. 평범한 팔찌가 한 사람의 인생과 환경뿐만 아니라 세계를 변화시킨 것이다.

'불평 그만 운동'(No Complaints Campaign)을 통해 전 세계적인 선풍을 일으킨 보웬 목사는 이런 말을 했다.

"부정적인 말이 부정적인 생각을 부르고, 이것이 또 부정적인 결과를 가져온다."

그렇다면 보웬 목사의 주장처럼 우리는 행복하고 성공적인 삶을 위해 불평을 멈추어야 한다.

이 운동은 이미 한국에서도 실시되고 있다. 그리고 많은 사람의 삶에 변화를 일으키고 있다. 팔찌 운동에 참가했던 한 여성은 "나는 부정적인 사람이 아니라고 생각했지만 매일 수차례 팔찌를 다른 팔목으로 바꾸는 나를 발견했다. 우리가 얼마나 부정적인 습관과 문화에 깊이 빠져 있는지 깨닫게 되었다"고 고백했다. 당신의 삶을 다시한번 돌아보라. "불평은 No! 감사는 Yes!" 날마다 당신의 삶을 이렇게 훈련하면 머지않아 삶이 변하는 기적을 경험할 것이다. 감사로 충만한 삶으로.

## 파고드는 미움의 특효약, 감사

내 마음 한가운데는 소중한 사람들의 이름이 아름아름

새겨져 있다. 철부지 목회 후보생으로 나선 부족한 나에게 한마디 책망도 없이 지대한 영향을 주었던 아버지 같은 선배 목사님의 이름, 한때 사역지를 그만두고 후임지가 결정되지 않아 반찬 살 돈 한 푼 없어 남 몰래 눈물 흘릴 때 사모 몰래 자기 카드를 긁어서 돈 봉투를 만들어 내 자존심이 상할까봐 조심스레 건네주던 사랑하는 친구 목사의 이름, 명절이 되면 교역자와 직원들이 명절을 잘 보내라고 봉투를 준비해 오시는 권사님의 이름 등. 그들을 생각하면 감사를 감추는 것이 죄스러울 뿐이다. 그래서 주변에 있는 사람들 때문에 감사를 잃지 않던 바울의 심정을 이해할 것 같다.

아무것도 없는 멋없던 총각, 가진 것이라고는 성실과 정직이라는 모토 하나. 그런데 아내는 그 총각을 따라 사모의 길을 나섰다. 당시 월 사례비 28만 원에 방값 18만 원, 게다가 십일조와 헌금, 공과금, 차비를 빼면 생활비가 없는 수준의 생활이었다.

담임목사로 부임하기 전까지 이사한 것만 계산해보니 1년 반 만에 한 번 꼴로 이사를 했다. 얼마나 지겨운 일이었을까? 그래도 불평 한 번, 짜증 한 번 부리지 않던 아내. 그래서 아내에게 감사한다. 그런 아내였지만 불편한 게 없었겠는가? 짜증나는 일이 없었겠는가? 모든 것을 참았을 뿐이겠지.

나는 아내에게 두고두고 미안하고 감사하는 것이 있다. 아내가 내 마음을 다 알지 모르겠지만 그것은 바로 셋째 딸을 선물로 받은 일이다. 둘째 아들을 낳을 때 아내는 기도로 응답을 받았다. 그런데 셋째 아이는 계획에 없던 일이었다.

그러던 어느 날 조짐이 이상해서 병원을 찾았는데 임신을 했다는 것이다. 아내의 표현에 의하면 "하늘이 노랗고 눈물밖에 나오지 않았다"고 한다. 준비하지 못한 임신이었기 때문이다. 더구나 둘째와 셋째가 연년생이었다.

당시 우리는 과거의 상도1동과 상도5동, 그 달동네를 전전긍긍하며 살던 시절이었다. 자기 한 몸으로도 비지땀을 흘리면서 몇 차례 쉬어서 올라가야 하는 언덕바지가 아니었던가? 그런데 어린 맏딸을 아장아장 걸리고, 등에는 둘째 아들을 업고, 막내딸은 유모차에 태워서 가자니 오죽했을까? 교회까지 가는 길이 20~25분 길인데, 가는 길에 사람들이 동물원 원숭이를 쳐다보듯 쳐다보며 한마디씩 던졌단다.

"젊은 새댁이 얼마나 고생이 많아. 어째, 셋째를 낳았어?"

위로한답시고 한 번씩 툭툭 내뱉는 말에 더 큰 상처를 받았다. 날이면 날마다 눈물을 흘리며 다녔다고 한다. 하늘을 쳐다보아도 눈물이, 고개 숙여 땅을 쳐다보아도 눈물이 줄줄 흘렀단다.

아내의 가슴에 상처가 되었던 한 사건이 생각난다. 그때만 해도 가난한 전임 전도사 시절이었다. 걸어서 20~25분을 올라가야 하니 얼마나 힘든 상황인가? 그래서 나는 아내의 짐을 덜어주기 위해 막내아이를 아기띠를 해서 안고 갔다. 지금 생각해보면 교회에 들어갈 때는 아내에게 맡기고 들어갈 걸 싶었다. 어쨌든 그 광경을 노(老) 권사님들이 보았다. 권사님은 아내를 잠시 구석으로 데리고 가서 조용히 귀띔으로 말했다.

"사모님, 그래도 주의 종인데 성도들이 볼 때 좋지 않네요."

순간 아내의 눈에는 눈물이 핑 돌았다. 세 아이를 데리고 20여 분을 걸어온다는 게 결코 쉬운 일은 아닌데⋯. 그래도 교회에서는 사랑으로 봐줄 수도 있는데⋯.

지금도 잊히지 않고 내 가슴 속 깊숙이 박힌 아내의 말 한마디가 자리 잡고 있다. 셋째를 임신해서 배가 불러왔다. 당시 흑석동이 내려다보이는 상도1동 언덕바지에 살던 때였다. 어느 해던가? 그 해 여름은 수십 년 만에 처음 온 무더위였다. 옷을 입은 채 물을 끼얹으면 몇 분 안 돼서 다 마를 정도였다. 그런데 점점 입덧은 심해졌다. 그러니 하루하루를 버티는 것이 지옥 같았다.

어느 날, 나는 수련회 때문에 자리를 비우게 되었다. 아내는 본래 겁이 많은 여자였다. 저녁은 잠을 이룰 수 없을 정도로 무더웠다. 임신한 몸에, 찌는 듯한 무더위, 선풍기는 틀었지만 도저히 견딜 수가 없었다. 그래서 '죽으면 죽으리라'는 생각으로 아예 창문을 떼놓고 잤다고 한다. 그 말을 듣는 순간 나는 마음이 너무 아프고 미안했다. 그렇게 걸어온 세월이기에 나는 아내가 너무나 소중하다. 나를 위해, 그리고 가족을 위해 그렇게 참고 살아온 세월이기에 감사한다. "그렇게 살아온 당신이기에 나에게는 더 없이 소중한 존재라는 걸 잊지 말았으면….”

　사람들은 자신이 처한 환경과 사람들 때문에 불평한다. 그러나 생각해보면 그들이 있었기에 내가 존재한다. 그들이 참아주고 기다려주었기에 오늘의 내가 존재한다. 그들이 나에게 해주지 않은 것보다 해준 것이 더 많음에도 불구하고 감사를 잊고 산다. 소중한 사람들이 당신에게 해주었던 소중한 일들을 생각해보라. 감사하지 않을 수 없을 것이다. 살다보면 때로는 미운 감정도 일어난다. 그러나 미운 감정 너머에 사랑스러웠던 소중한 추억이 많이 간직되어 있음을 기억하자. 감사는 우리 마음을 파고드는 미운 감정을 이길 수 있는 묘약이다.

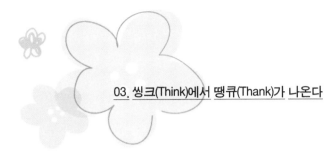

## 03. 씽크(Think)에서 땡큐(Thank)가 나온다

인생을 성찰하면 평생 은혜이고, 은혜로 이끌림 받는 삶이기에 절대 감사밖에 없다. 하지만 우리 주변에는 평생 불평과 원망으로 살아가는 사람들도 적지 않다. 절대 감사로 살아도, 절대 불평과 원망으로 살아도 한 생애를 살다가는 것이라면 같은 값이면 평생 은혜를 깨닫고 절대 감사로 사는 인생이 아름답지 않은가? 평생 은혜를 깨달아 절대 감사하는 신앙으로 살아가는 사람이야말로 자기 안에 잠자고 있는 거인을 깨울 수 있다.

페인트 사업을 하시는 장로님이 계신다. 대단한 인생은 아닐지 몰라도 늘 주님의 은혜 안에서 살고자 애쓰시는 분이다. 무더운 여름이 다가오는 어느 날, 장로님과 대화를 나누었다.

"장로님, 더워지는데 일하느라 힘드시죠?"

"매일 일하는 건 아니니까 괜찮아요. 이 나이면 거의 대부분의 사람들이 퇴직해 집에서 구박받고 있을 때인데, 그래도 일해서 아내에게 얼마라도 생활비를 갖다줄 수 있다는 게 얼마나 감사한지요."

"맞아요. 예전에 허리가 아프셨는데, 이렇게 건강하게 일하실 수 있으니 얼마나 감사해요."

"그때 수술한 사람들 가운데 허리를 관리하지 못해서 지금도 힘들어하는 사람이 많은데, 저는 그래도 이 정도로 건강하니 그것도 감사하지요."

그렇다. 나이 들어서 일하는 게 피곤하기는 하지만 그래도 얼마나 감사하고 행복한 일인가? 생각만 달리하면 감사가 회복될 수 있다. 감사를 회복하면 인생은 행복하다. 그렇기에 모든 일은 생각하기 나름인 것 같다.


## 찾아내면 감사할 수 있다

감사는 우리가 찾아내는 것이다. 그래서 유대인 사회에서는 매일 100가지 이상 감사거리를 찾는다고 한다. 세상에 감사하지 못할 정도로 감사의 조건들을 갖지 못한 사람은 없다. 단지 감사할 것을 찾지 못했을 뿐이다. 신학자 프랭클린 그레이엄은 "예수님께서 바꾸거나 통제하거나 이겨낼 수 없는 것은 단 한 가지도 없다. 왜냐하면 그분은 살아계신 하나님이시기 때문이다"라고 말한다. 주님의 도우심으로 모든 것이 가능하다. 그분이 해결하지 못하는 문제는 전혀 없으며 믿는 우리에게 절망적인 상황은 있을 수 없다. 모든 상황은 감사가 가능하다는 사실을 잊지 말아야 한다. 그리고 감사할 것을 찾아야 한다.

오늘은 서로를 향해 인사해보자.

"여보, 감사해요."

"딸, 열심히 공부해줘서 고마워."

"아들, 건강하게 잘 자라줘서 고마워."

"목사님, 감사합니다."

"집사님, 감사합니다."

아마 마음이 즐거워지는 것을 발견할 것이다. 그렇게 인사하면 상대방은 금세 "왜?"라고 묻겠지. 그러면 "그냥 감사해요"라고 대답하자. 왜냐하면 지금까지 이것저것 불평해왔지만 사실 따지고 보면 감사할 것이 너무나 많기 때문이다. 아무리 미운 배우자에게도 감사하기로 결정하고 나면 감사할 일은 너무나 많다. 아무리 불평하는 목사님에게도 감사할 것은 많은 법이다. 그래서 지혜로운 사람은 감사를 찾는 눈을 가지고 있다. 지혜로운 사람은 동일한 상황과 조건에서도 남들이 잘 보지 못하는 감사를 찾아낸다.

옛날에 두 딸을 둔 아버지가 있었다. 그런데 그는 늘 부정적으로만 생각하는 경향이 있었다. 큰딸은 짚신 장사에게 시집갔고 작은딸은 우산 장사에게 시집갔다. 아버지는 늘 태산 같은 걱정거리를 한 짐 안고 살았다. 비가 많이 오는 날이면 이렇게 푸념했다.

"비가 이렇게 많이 오니 어디 짚신이 하나라도 팔리겠나? 내 큰딸이 거지가 되겠군!"

그러다가 비가 개어 햇볕이 쨍쨍 내리쬐면 이렇게 말했다.

"이렇게 햇볕만 내리쬐니 어디 우산이 하나라도 팔리겠나? 작은딸이 망하겠군!"

그래서 그는 매일 두 발 세 발 나온 입을 거둘 줄 몰랐다.

그 옆 동네에 또 다른 가정이 있었다. 이 가정도 딸을 둘 두었다. 그런데 이 아버지는 매사에 긍정적이고 밝았다. 이 가정의 두 딸 역시 큰딸은 짚신 장사와 결혼했고 작은딸은 우산 장사와 결혼했다. 어느 날 비가 많이 왔다. 그러자 아버지는 이렇게 말했다.

"비가 이렇게 오니 우산이 많이 팔려서 작은딸이 돈을 많이 벌겠네! 정말 고마운 일이야."

그러다가 며칠 후에 비가 그치고 햇볕이 쨍쨍 내리쬐는 맑은 날씨가 되었다. 그러자 그는 또 이렇게 말했다.

"날이 이렇게 맑고 길이 좋으니 짚신이 많이 팔리겠네. 이렇게 되면 큰딸이 부자가 되겠네. 하늘도 고마우셔라."

우리 주변에는 평생 은혜로 살아가면서 감사한 일이 있어도 감사보다는 불평할 일부터 찾는 사람이 많다. 주님이 주시는 은혜로 행복이 넘쳐도 감사할 줄 모른다. 감사하는 사람과 불평하는 사람의 차이는 무엇인가? 감사거리를 찾을 수 있는 마음의 눈이 있느냐, 그렇지 않으면 불평거리만 찾는 눈을 가졌느냐 하는 데 있다.

전문업 자격증을 두 개나 가진 유능한 자매가 있었다. 그녀는 40대 미혼으로 "자랑할 것은 믿음과 건강뿐"이라고 했다. 어느 날 황달 증세가 있어 병원을 찾았다가 뜬금없이 암 진단을 받았다. 이미 손쓸 수 없을 정도로 심각하게 진행된 상태였다. 노처녀가 하루아침에 건강을 빼앗긴 것이다. 그렇지만 자매는 병을 고쳐달라는 기적을 구하는 기도를 하지 않았다. 그보다는 스스로에게 다짐했다.

"얼마를 더 살든지 이제는 암을 통해 하나님을 증거하고 싶다."

"결혼도 못하고 죽게 되었는데 예수님을 믿지 않았으면 얼마나 억울하겠느냐."

"천국 소망이 있으니 나아도, 죽어도 감사할 것 밖에는 없다."

암이 나아서가 아니라 "낫지 않고 죽어도 감사하다"라고 했다. 평생 은혜를 알기에 이래도 감사, 저래도 감사할 줄 아는 것이다.

세상에는 감사할 상황이 없는 게 아니라 감사할 마음을 잃었을 뿐이다. 불평으로는 만족한 인생을 만들 수 없다. 만족스럽고 행복한 인생을 살고 싶은가? 그렇다면 내 안에, 그리고 내 주변에 있는 행복의 조건들을 찾아내야 한다. "나에게는 하나도 없다"라고 말하고 싶은 욕구를 물리쳐야 한다. 내 안에는 이미 행복의 조건이 많다. 단지 눈이 어두워서 그것을 발견하지 못할 뿐이다. 우선 내게 주신 배우자와 자녀들이 나에게는 가장 소중한 재산이 아닌가? 남들이 다른 목사님을 자랑할지라도 나에게는 내가 섬기고 있고, 나를 섬기고 있는 그 목사님이 가장 소중한 존재이다. 그런데 사람들은 자신에게 있는 고마운 조건들을 다 잊어버린 채 다른 것들을 부러워하면서 인생을 허비한다.

삶의 열정을 잃는 주된 이유 중 하나는 은혜를 잊어버리고 감사할 줄 모르기 때문이다. 우리는 하나님이 주신 은혜를 당연하게 여기는 경향이 있다. 우리에겐 기적도 시간이 지나면 흔한 일이 되어버린다. 우리는 복에 겨운 나머지 복을 일상으로 치부한다. 하나님의 도움으로 집을 막 샀을 때는 정말 기뻤지만 지금은 무덤덤해졌다. 집은 더 이상 감사거리가 아니다. 더는 집에 대한 열정은 없다. 집을 샀을 때의 감동은 옛날이야기가 되어버렸다.

하나님이 주신 인생의 반려자를 만났을 때 얼마나 가슴 설레고 감동적이었는가? 하지만 지금은 아무런 느낌이 없다. 서로에게 너무나 익숙해져서 서로를 당연한 존재로 여긴다. 한때는 떨어지기가 싫어서 쓸데없이 왔다갔다하던 사람들이 이제는 떨어질 궁리만 한다. 그저 쳐다만 봐도, 밥을 안 먹어도 행복했던 사람들이 언제부턴가 서로를 보며 말한다. "저 보기 싫은 면상 어디 치워버릴 수 없나?" 얼마 전까지만 해도 행복의 조건이었던 게 이제는 후회스러운 일이 되고 말았다. 시간이 지나면서 점점 냉담해지고 가진 것을 당연시하게 되었다.

하나님이 주신 은혜에 감사하는 것은 우리가 해야 할 바른 일일 뿐 아니라 하나님께 대한 우리의 의무이다(살후 1:3). 웨스트민스터 신학교 캔달 교수는 "우리가 감사할 때 하나님은 우리를 주목하신다. 나는 이 사실에 전율을 느낀다. 우리가 감사하지 않을 때도 하나님은 주목하신다. 나는 이 사실에 정신이 번쩍 든다"라고 말했다. 그러면서 그는 "늦더라고 감사를 표하는 것이 전혀 표하지 않는 것보다 낫다"라고 강조한다.


## 감사는 생각에서 나온다

멕시코시티 근처에 신비한 마을이 있다. 그 마을에는 온천(溫泉)과 냉천(冷泉)이 함께 있다. 상상해보라. 한쪽에는 온천이 있어 물이 부글부글 끓고 있고, 그 옆에는 얼음처럼 차가운 물이 펑펑 솟아나고 있다. 이 마을은 금세 관광명소가 되었다. 그래서 많은 사람이 이 마을을 즐겨 찾았다. 마을 아낙네들은 온천에서 나오는 뜨거운 물로 빨래를 삶았다. 그리고 옆으로 옮겨 냉천에서 나오는 차가운 물로 빨래를 헹궜다. 얼마나 편리한 삶인가? 관광객들은 부러운 듯이 하늘이 내린 좋은 조건에 대해 안내원에게 물었다.

"이 마을 사람들은 따뜻한 물과 차가운 물을 동시에 함께 쓸 수 있으니 얼마나 행복한 일이오. 그러니 하나님께 정말 감사하며 살겠네요."

그랬더니 안내원은 대답했다.

"천만에요. 마을 주민들은 불평과 원망이 가득하답니다."

궁금한 관광객이 되물었다.

"그게 무슨 말입니까? 온천과 냉천이 함께 나와서 생활이 편리할 텐데요…."

안내원의 대답은 이랬다.

"그러게요. 그런데 이 마을 사람들은 '온천이 있고 냉천이 있으면 뭐합니까? 비누가 없는데'라고 불평한답니다."

미국 사람들이 가장 많이 사용하는 말이 "Thank you"라고 한다. 그런데 감사(Thank)는 본래 생각(Think)에서 유래되었다. 그렇다면 감사는 생각과 사촌지간이다. 즉 생각을 약간만 바꾸면 감사할 수 있다는 말이다. 어떻게 생각하느냐에 따라 불평이 나올 수도 있고 감사가 나올 수도 있다. 사고를 당해도 "그만하길 다행"이라고, 실망스러울 때는 "그럼에도 불구하고"라고 생각만 바꾸면 감사할 일이 보인다. 잘될 사람은 매사에 긍정적이고 좋게 생각한다. 그러나 안 될 사람은 매사에 부정적이고 비관적으로 생각한다. 그래서 불평하며 살아간다.

어느 명문대 출신의 한 젊은이가 대기업에 입사시험을 쳤다. 면접을 보게 되었다. 드디어 자신의 차례가 다가왔다. 이 젊은이는 자신이 있었다. 면접관은 당당하게 앉아 있는 젊은이에게 물었다.

"명문대 졸업생이구만. 게다가 성적도 뛰어나군! 어학실력도 대단하고! 외모도 출중하고 전혀 나무랄 데가 없어. 그런데 말이야. 혹시 자네 어머니의 발을 닦아드린 적이 있는가?"

전혀 예상치 못한 질문이었다. 깜짝 놀란 그는 질문에 아무런 대답도 할 수 없었다.

"……?"

면접관은 웃으면서 젊은이를 주시하며 말했다.

"그럼, 오늘 어머니의 발을 닦아드린 후 내일 다시 오게나."

그 젊은이는 말없이 집으로 돌아갔다.

밤 11시경이 되었다. 식당에서 일하시는 어머니는 파김치가 되어 돌아왔다. 젊은이는 면접관이 시킨 대로 어머니의 발을 씻어주기 위해 말했다.

"어머니, 제가 어머니 발을 씻어드릴게요. 발 내미세요."

그런데 어머니는 한사코 거부하셨다. 할 수 없이 젊은이는 입사시험에서 면접관이 시킨 일이라고 말했다. 그제야 어머니는 아들에게 발을 내밀었다. 아들은 대야에 물을 담아 가지고 와서 어머니의 발을 씻기기 시작했다. 그런데 이게 웬일인가? 뼈만 앙상하게 남은 어머니의 발에는 굳은살이 박여 있어서 마치 뻣뻣한 나무토막 같았다. 어머니의 발을 닦던 아들은 급기야 어깨를 들썩이며 흐느끼기 시작했다. 어머니는 흐느끼는 아들을 바라보며 말했다.

"네가 이렇게 발을 닦아주니 어미 마음에 맺혀 있는 것들이 다 풀어지는구나!"

감사와 회개의 눈물로 범벅이 된 아들은 어머니의 거친 발을 이곳저곳 어루만지며 깨끗이 씻어주었다. 그리고 수건으로 닦으면서 어머니의 사랑을 가슴 깊이 새기게 되었다. 그렇게 잠을 자고 다음 날 다시 면접을 보기 위해 회사로 찾아갔다. 면접관은 앞에 앉은 젊은이에게 물었다.

"그래, 어머니의 발을 씻겨드렸는가?"

"예!"

"그렇다면 어머니 발을 씻으면서 무엇을 느꼈나?"

"그동안 잊어버리고 있었던 소중한 것을 찾았습니다."

"그랬군! 그럼, 자네는 지금 총무처에 가서 입사수속을 밟게나."

감사는 생각에서 나온다. 어머니의 모습을 보면서 자기를 위해 헌신했던 노고를 생각하는 순간부터 아들은 감사의 눈물을 흘릴 수밖에 없었다. 아들을 위해 아낌없이 쏟아부었던 어머니의 헌신이 있었기에 자신이 존재할 수 있었던 것이다. 그러니 감사의 눈물을 흘리지 않을 수 있었겠는가! 감사하는 사람이 되길 원하는가? 그렇다면 건강한 생각을 가져야 한다. 나를 위해 하나님이 하신 일을 생각하고, 주변 사람들이 한 일을 생각해보라. 감사는 저절로 나올 것이다.

어떤 낚시꾼이 한가하게 낚시를 하고 있었다. 낚시꾼은 오른손에 낚싯대를 들고 왼손에는 25센티미터짜리 자를 들고 있었다. 낚시꾼은 고기를 잡으면 이내 자를 들고 물고기의 길이를 재곤 했다. 그리고 물고기가 25센티미터보다 크면 미련 없이 버리고 그보다 작으면 그릇에 담았다. 곁에서 지켜보던 사람이 너무 이상해서 물었다.

"왜 큰 물고기를 버리고 작은 물고기는 담습니까?"

그러자 낚시꾼은 대답했다.

"우리 집에 있는 프라이팬은 지름이 25센티미터입니다. 그 프라이팬보다 더 큰 것은 구워 먹을 수가 없어서요."

그는 자신이 가진 프라이팬을 기준으로 모든 생각을 고정시킨 것이다.

감사하는 사람은 생각을 다르게 하는 훈련을 해야 한다. 조금만 달리 생각하면 상황은 바뀔 수 있다. 조금만 다른 쪽에서 바라보면 얼마든지 마음을 편하게 가질 수도 있다. 그때 감사는 저절로 흘러나온다.

생각의 저수지에 담고 있는 게 무엇인가? 긍정의 물을 담고 있는가? 부정의 물을 담고 있는가? 생각의 저수지에 담겨 있는 물에 의해 삶의 태도가 결정된다. 비관주의자는 자기도 모르는 사이에 자신은 물론 자기 주위에 있는 사람들에게 불행, 가난, 미움, 마음의 고난을 가져다준다. 그러나 낙관주의자는 자기도 모르는 사이에 자신은 물론 주위에 있는 사람들에게 행복, 성공, 사랑, 마음의 평화를 가져다준다. 비관주의자는 의심, 절망, 미움을 마음에 담고 살지만 낙관주의자는 믿음, 신념, 희망, 사랑을 신조로 삼고 살아간다. 부정적 사고는 자신을 해치는 독약이므로 빨리 떨쳐버리는 게 좋다.


## 깨달음이 감사의 출발점이다

깨달음은 인생을 아름답고 풍요롭게 만든다. 깨달음이야말로 인생을 자유하고 평안하게 만든다. 깨닫는 순간 세상을 대하는 태도가 달라진다. 불편하고 짜증스러웠던 일들도 깨달음이 있는 순간부터 그것을 받아들이는 태도가 달라진다. 그렇기에 우리는 세상이 달라지고 사람들이 변할 것을 기대하기 전에 '나에게 깨달음이 있도록' 기도하는 것이 더 중요하다. 깨달을 줄 아는 사람은 모든 게 감사하다.

2006년 2월 5일, 슈퍼볼에서 MVP로 선정된 하인스 워드는 혼혈아였다. 그는 주한 미군 흑인 병사와 한국인 어머니 사이에서 태어났다. 태어난 후 미국으로 건너간 그는 '코리언'이라는 흑인들의 놀림 속에 어린 시절을 보냈다. 특히 자신의 어머니가 부끄러워서 학교에 갈 때는 친구들이 볼까봐 차에 납짝 엎드려 있었다.

그러던 어느 날, 학교 앞에서 헤어지던 어머니의 눈에 눈물이 가득한 것을 보고 큰 충격을 받았다. 하인스 워드를 바꾸어 놓은 사건이었다. 이때 어머니의 희생적이고 헌신적인 사랑을 깨달은 것이다. 그때부터 그는 "그래, 난 코리언 아메리컨이다. 이것은 피할 수 없는 나의 운명이다!"라고 다짐하며 현실을 받아들였다. 그러고 나서는 친구들이 놀릴 때마다 당당하게 맞섰다. 그리고 자신이 한국인임을 자랑했다. 그것은 그가 AP통신과 가진 인터뷰를 보면 분명히 알 수 있다.

"슈퍼볼에서 우승하고 싶다. 스틸러스를 위해, 어머니를 위해, 그리고 어머니의 조국을 위해서."

"나의 오른 팔에 있는 문신에 대해 묻는 사람들이 많다. 그것은 한국어로 새겨진 나의 이름이다. 나는 한국인의 피가 섞인 것을 자랑하고 싶다."

"내가 성공해서 아무리 어머니께 잘해 드린다고 해도 어머니의 은혜를 다 갚을 수는 없다."

"어머니는 내 인생의 전부이다."

워드의 어머니 김영희 씨는 미국에 오자마자 이혼을 당했다. 게다가 영어를 못한다고 양육권까지 빼앗겼다. 아들 워드와 함께 살 수 있을 때까지의 재상봉 과정은 눈물로 수놓인 시간들이었다. 아들과 미국에서 살아남기 위해 하루에 세 가지 일을 해야만 했다. 얼마나 고달픈 인생이었겠는가! 그러나 아들을 기르는 데 혼신을 다했다. 그리고 하인스 워드는 이 사실을 깨닫게 되었다.

영국 여왕은 장례식에서 눈물을 흘리면 안 된다고 한다. 그렇듯이 풋볼 선수에게도 눈물은 금기다. 그러나 하인스 워드는 어머니 얘기만 나오면 눈물을 글썽였다. 그래서 AP통신 기자가 "워드를 울리려면 어머니 이야기를 하라!"고 쓸 정도였다. 그는 스틸러스와 4년 연봉을 2,600만 달러로 계약을 갱신하자마자 어머니에게 집과 고급 차부터 사드렸다. 그동안의 어머니의 헌신적인 사랑을 잘 알고 있었기 때문에. 조금이나마 어머니를 편하고 행복하게 해드리고자.

깨달음은 인생에서 너무나 귀한 선물이다. 깨달음이야말로 인생을 새롭게 만든다. 어떤 상황, 어떤 일이 있을지라도 하나님의 은혜로운 선물임을 깨달을 때 절대 감사할 수밖에 없다. 아무리 화가 나는 순간일지라도 긍정적인 깨달음이 일어날 때 한순간에 모든 감정이 가라앉는다. 하나님이 어떻게 우리를 돌보시는지 그 순간에는 깨닫지 못하다가 나중에야 깨닫는 경우가 있다. 그때서야 우리는 하나님께 "감사합니다"라고 말한다. 지금까지는 불평했을지도 모른다. 그러나 깨닫는 순간부터 감사가 터져 나온다.

살아가다 보면 우리는 나중에, 혹은 잠시 후에, 때로는 몇 년 후에야 "하나님이 그때 어떻게 우리 삶에 개입하셔서 우리를 도우셨는지" 깨닫는 경우가 있다. 그때 주저하지 말아야 한다. 그리고 하나님께 감사해야 한다. 어리석은 인간이기에 그렇게라도 감사해야 한다.

어느 집사님은 부유한 삶을 살았다. 그런데 어느 날 갑자기 사업이 기울기 시작했다. 생활이 점점 궁핍해졌다. 사람들의 바라보는 시선이 싫었다. 자신을 불쌍하게 여기는 태도도 싫었다. 자존심이 상하고 속상했다. 사람들이 도와주려고 선심을 쓰는 일도 싫었다. 그런데 '받을 줄 아는 것'도 인생을 살아가는 기술인 것을 깨닫게 되었다. 그때부터 다른 사람들이 도와주는 것을 받아들일 뿐만 아니라 감사할 수도 있게 되었다.

베스트셀러 작가 스펜서 존슨은 「행복」이라는 책에서 우리는 자기 자신의 정원의 관리인(caretaker)이 되는 방법을 배워야 하지만, 동시에 다른 사람의 관리인(caregiver)이 되는 법도 배워야 함을 강조했다. 자신을 돌볼 수 없는 사람은 다른 사람 역시 제대로 돌볼 수 없다는 것이다.

우리는 다른 사람을 돌보지 못하는 이기적인 사람이 되어서는 안 된다. 행복을 만드는 사람은 다른 사람에게 받는 것보다 주는 것의 신비를 알고 있다. 그러나 기억할 사실이 있다. 우리는 다른 사람에게 줄줄도 알아야 하지만 동시에 다른 사람에게서 받을 줄도 알아야 한다. 주는 것과 받는 것의 균형을 바로 잡을 필요가 있다. 그것을 깨닫는 순간부터 살아가는 방식이 달라진다. 감사는 깨닫는 순간부터 우리에게 찾아오는 선물이 될 수 있다.

# 본성을 거스를 때 감사할 수 있다

　　　　아이들을 자세히 살펴보다보면 재미있는 현상을 발견하게 된다. 아이들에게 무엇을 시키면 반응이 금방 나타난다. 그런데 그 반응이 우리가 기대하던 반응이 아니다. 아이들은 "좋아요"보다는 "싫어요"를, "알겠어요"보다는 "안 돼요"를 먼저 배우는 것 같다. 사람들은 좋고 아름답고 긍정적인 것을 가르쳐도 잘 배우지 않는다. 그런데 악하고 좋지 않은 것은 가르치지 않아도 잘 배워온다.

　아이들이 어린 시절, 집에서 자기네들끼리 지내다가 서로를 향해 거친 말을 할 때가 있다. 그러면 나는 이내 반응한다. "얘들아, 어떻게 그런 표현을 하니? 엄마 아빠도 쓰지 않는 표현을 어디서 배워서 하는데…."

　물론 다른 가정에 비하면 수위가 별로 높지 않은 표현이다. 그러나 목사의 가정에서 건강하지 못한 표현이 나오는 것 자체가 싫었다. 그럴지라도 아이들을 보면 인간에게는 본성적으로 선하지 못한 것이 많이 배어 있음을 느끼게 된다.

　남편은 아내로부터 받는 선물이 얼마나 많은가? 맛있는 식사와 집안일을 통해 쾌적한 환경을 제공받는다. 힘들고 어려울 때마다 따뜻한 격려의 말을 듣고 산다. 다른 여자를 쳐다보지 않아도 될 많은 동반자적인 선물을 받고 있다. 그런데도 "당신이 나한테 해준 게 뭔데…"라고 말한다. 그게 남편만의 일인가? 아내도 마찬가지고 자녀들도 마찬가지다. 우리 모두가 감사하기보다는 불평하고 원망하는 본성을 지니고 있다. 그렇기에 우리는 결코 본성에 충실한 삶을 살아서는 안 된다. 하나님의 은혜를 모르고 절대 감사를 모르는 본성을.

사실 감사는 인간이 가진 본성이 아니다. 물론 최초의 인간인 아담은 온전한 하나님의 형상으로 지음받았기에 감사로 가득 찬 삶이었다. 그러나 범죄로 말미암아 하나님의 형상이 왜곡되었고, 왜곡된 하나님의 형상은 불평과 불만이 일반화되었다. 남편인 아담은 아내인 하와에게 뒤집어씌우고, 하와는 뱀에게 책임을 전가했다. 실제로 사람들을 보면 감사보다는 불평에 너무나 익숙하다. 그래서 사도 바울은 말한다. "하나님을 알되 하나님으로 영화롭게도 아니하며 감사하지도 아니하고 오히려 그 생각이 허망하여지며 미련한 마음이 어두워졌나니"(롬 1:21).

인간이 창조자인 하나님을 찬양하고 그의 은덕을 감사함이 마땅하건만 실제로 인간은 그렇게 하지 않는다. 하나님이 만든 입술은 하나님을 찬양하고 사람들을 축복하는 데 사용되는 도구이다. 오히려 기회가 있을 때마다, 아니 기회를 만들어서 하나님께 불평하고, 다른 사람들을 비난하며 저주하기를 쉬지 않는다. 그러니 평생 은혜로 살아가는 인생은 맞지만 인간 본성으로는 절대 감사가 불가능하다.

사도 바울은 아들 같은 제자 디모데에게 에베소교회를 목회할 원리를 제시하면서 멘토 역할을 했다. 이때 "말세에 고통하는 때가 이르러"라고 가르쳤다. 왜 인간 세계에 고통이 다가오는가? 그 이유를 열거하는 가운데 하나가 바로 사람들이 "감사하지 아니하기" 때문이다(딤후 3:1-2). 감사는 사람다운 사람을 만들고 기적을 낳는다. 그런데 사람들은 은혜를 입고도 감사하지 못하고 쉬 잊어버린다. '배은망덕'한 것이다. 사실 알고 보면 인간 본성 안에 이미 배은망덕의 유전자가 흐르고 있다.

사탄은 인간에게 감사보다는 불평하도록 충동질한다. 사탄은 육체의 소욕을 충동질하여 우리로 하여금 감사와 찬송을 멈추고 불평과 분노를 토하게 한다. 육체의 소욕은 성령의 소욕을 대적하여 방해한다. 그래서 사람들은 사탄과 죄의 종노릇을 하느라 분주하다. 그렇기에 우리는 감사를 잃은 채 사탄과 육체의 충동에 매여 어둠과 불의의 병기로 살지 말고 내 안에 일어나는 본성을 거스르며 살아야 한다. 성령께 굴복해야 한다. 하나님께서 내 안에 아름다운 감사의 열매를 주렁주렁 맺게 하실 것이다. 사탄에게 매여 있는 자는 불평한다. 그러나 평생 은혜로 이끄시는 성령께 매여 있는 사람은 감사한다. 평생 은혜로 살아가는 우리의 영을 아무렇게나 방치하지 말고 관리해야 한다. 감사가 나오는 아름다운 영으로.


## 마음을 비울 때 감사가 보인다

어떤 할머니가 볼 일이 너무 급했다. 두리번거리는데 현금 인출기가 있었다. 실례를 무릅쓰고 신문지 한 장을 들고 그 안으로 들어갔다. 그리고 볼 일을 봤다. 그냥 두고 갈 수는 없어서 둘둘 말아서 밖으로 가지고 나왔다. 도로를 건너려고 준비하고 있는데 저쪽에서 오토바이를 탄 사내가 신문지를 낚아챘다. 그는 전문 소매치기였다. 집에 가서 그의 인상이 어떻게 변했을까?

욕심은 인격을 손상시키고 추한 모습으로 전락시킨다. 욕심 때문에 일을 그르치는 경우가 허다하다. 사람들은 욕심의 포로가 되어 있다. 하나님의 은혜로 살아가지만 우리가 감사하지 못하고 불평하며 원망으로 가득한 삶을 사는 이유가 무엇인가? 욕심의 노예이기 때문이다. 감사는 욕심의 굴레에서 빠져나올 때 가능하다. 욕심이 인생을 망친다.

아프리카 원주민의 원숭이 사냥법을 아는가? 원주민은 원숭이가 다니는 길목의 나뭇가지에 원숭이의 손이 겨우 들어갈 만한 구멍이 뚫린 조롱박을 매달아 놓는다. 그리고 그 안에 열매를 넣어놓는다. 원숭이는 조롱박에 맛있는 열매가 들어 있는 것을 확인하고 그 안에 손을 쑥 집어넣는다. 하지만 조롱박의 구멍이 너무 작아서 손을 빼내지 못한다. 사냥꾼들이 오면 쥐고 있는 열매를 놓고 도망을 가야 하지만 끝까지 열매를 놓지 않는다. 결국 원숭이는 한 손을 조롱박에 넣은 채 사냥꾼들에게 붙잡힌다.

지나친 과욕에 이끌려 살아가는 사람들이 적지 않다. 하나님의 은혜의 범주 안에서 주어진 현실이 있는데 만족하질 못한다.

"하나님, 왜 이런 자식을 나에게 주셨나요?"

"하나님, 왜 이런 질병을 나에게 주셨습니까?"

"왜 이런 배우자를 만나게 하셨나요?"

그러다 보니 사람들은 상황과 현실을 바꾸어서 감사하려고 한다. 그런데 상황과 현실이 우리가 원하는 대로 잘 바뀌는가? 배우자를 내가 원하는 대로 바꾸어서 감사하려고 해보라. 어쩌면 평생 불평 속에 살게 될 것이다.


장애인 인권운동가이자 사회운동가이며 정치인인 장향숙 국회의원은 한때 시민단체 평가에서 국정감사를 가장 잘한 의원, 각종 여론조사에서 이 시대 최고의 정의로운 의원으로 꼽힌 바 있다. 그녀는 여성, 무학, 장애인이라는 마이너리티의 벽을 넘고 불굴의 의지로 당당히 국회의원이 되었다. 그녀는 학교를 한 번도 다녀본 적이 없지만 1만 권 이상의 책을 읽었다. 휠체어가 없으면 다닐 수도 없지만 국회나 당에서 열리는 회의에 한번도 빠진 적이 없다. 그녀가 젊었을 때의 간증이다.

어느 날 부흥회에 참석했다. 장 의원이 예배당을 들어서는 순간 목사님의 눈이 휘둥그레졌다. 목사님은 안타까운 마음으로 장 의원의 다리를 붙잡고 땀을 뻘뻘 흘리며 기도하기 시작했다.

"주여, 믿습니다. 기적을 보여주십시오. 이 자매가 앉은뱅이에서 벌떡 일어나서 하나님께 영광을 드리게 하소서!"

그러나 장 의원의 마음은 냉랭했고 기도를 마친 목사님에게 이렇게 말했다.

"목사님, 기도는 대단히 감사합니다. 그러나 제게는 필요치 않은 기도였습니다. 제게 중요한 것은 기적보다 하나님의 뜻을 더 깊이 생각하는 것입니다."

그날 이후 장 의원은 "너의 두 다리를 멸시하지 않는다. 마른 나무에 새싹이 돋듯 너의 다리에 꽃을 피우리라"는 하나님의 음성을 들었다. 중요한 것은 평생 은혜를 알고 하나님이 주신 현실을 최상의 선물로 받는 믿음이다.

그리스도인은 원치 않는 상황에도 감사한다. 주님이 베푸시는 은혜가 어떠함을 잘 알고 있으니까. 사실 하나님이 주시는 현실을 그대로 받아들이고 감사하고 찬송하면 하나님이 필요할 때 내가 처한 현실도 바꾸어주신다. 현실을 바꾸려고 하기보다 자신을 변화시켜야 한다. 알고 보면 우리는 평생 감사해도 부족한 넘치는 은혜를 받았다. 그러나 매우 인색한 감사생활을 할 뿐이다.

어느 겨울 주일 새벽기도를 나서는데 비가 추적추적 내렸다.

"주일인데, 눈이 아니어서 감사합니다."

사실 주일에 눈이 오면 성도들이 예배를 나오기가 불편해진다. 우리 교회는 노령자가 많고, 몸이 불편한 분이 많아서 더욱더 그렇다. 그러니 감사할 수밖에.

새벽기도를 마치고 나오는데 눈발이 내리기 시작했다. 더구나 날씨도 쌀쌀했다.

　"성도들이 교회에 오려면 힘들어지겠는데…."

　조금 전에 있던 감사하는 마음이 사라지는 순간이었다.

　잠시 후, 교회로 출근하려고 나서는데 눈이 오지 않았다. 조금 전에 있던 염려가 사라지는 순간이었다. 눈도 오지 않고, 비도 오지 않는 날씨였지만 기온은 차갑게 내려가서 추위를 느끼게 하는 날씨였다. 그래도 눈이 오지 않으니 얼마나 감사한가!

　주일에 모든 사역을 마치고 퇴근하려고 하는데 바람이 세차게 불면서 눈을 퍼붓기 시작했다. 눈을 맞으며 집으로 가면서도 "그래도 얼마나 감사해. 성도들은 이미 집에 간 시간이니까."

　생각해보면 하루에도 수없이 마음과 감정이 변했다. 우리가 누리는 기쁨과 행복이란 게 그렇다. 잠시 잠깐이다. 그러니 세상 것에서 인생의 만족과 기쁨을 찾는 일은 헛된 것일 뿐이다. 감사의 삶을 살려면 마음과 영혼의 그릇에서 세상에 대한 욕심을 조금씩 비워나가는 과정이 필요하다.

## 04. 깊은 영성은 감사를 여는 열쇠다

사람이라면 누구나 성공하길 바란다. 왜 그렇게 성공하고 싶어 할까? 답은 간단하다. 행복하고 싶으니까. 하버드대학교 학생들을 대상으로 행복의 조건에 관하여 20년 넘게 조사한 결과, 가장 중요한 요소가 사람들과의 '관계 맺음'이라는 결과가 나왔다. 인간에게는 소유가치보다 더 소중한 존재가치, 관계가치가 있다.

강북삼성병원 정신건강의학과 신영철 교수는 인간이 행복하기 위해서는 꼭 필요한 두 가지 요소가 있다고 말한다. 첫 번째는 마음 읽기(mind reading)다. 자신의 마음을 읽는 것이 아니라 타인의 마음을 읽을 수 있어야 한다. 두 번째는 공감(empathy)이다. 상대방이 어떤 감정을 가졌는지 이해하고, 그를 공감할 수 있어야 한다. 이렇게 두

요소가 갖추어질 때 비로소 타인과 좋은 관계를 맺을 수 있는 기본 조건이 성립한다는 것이다.

그래서 그는 이 땅의 젊은이들에게 "과학자의 이성(Brain)과 시인의 감성(Heart)을 가지라"고 조언하면서 이렇게 역설한다. "인간의 몸속에는 거울 신경세포, 즉 공감의 세포가 있습니다. 말하지 않아도 아는 신경세포가 우리 뇌에 있다는 것입니다. 감정의 전염성, 이것이 발달해야 좋은 관계를 맺을 수 있습니다."

그러면서 그는 자신의 저서 「그냥 살자」에서 이렇게 덧붙였다. "요즘은 다들 불안하다. 걱정거리도 많고 잠이 안 올 때도 많다. 미래에 대한 불안도 크다. 이게 얼마나 감사한 일인지 아는가? 불안하니까 대비를 하고 대책을 세우는 거다. 불안보다 더 심각한 두려움이나 공포도 한편으로는 감사할 일이다. 덕분에 살아 있는 것이다."

그는 세상을 바라보는 안경이 다르고 인생을 해석하는 관점이 다르다. "아프다고? 극단적으로 말하면 아픈 것도 감사할 일이다. 아프지 않으면, 통증이 없다면 문제는 심각해진다. 뜨거운 것을 만질 때 피할 수 있는 건 통증이 있기 때문이다. 물론 진짜 아픈 분들에게 하는 소리는 아니지만 조금만 생각을 바꾸면 감사할 일이 참 많다는 뜻이다."

평생 은혜 속에 다가오는 현실의 어떠함보다 더 중요한 건 평생 은혜로 살아가는 우리의 마음과 생각의 상태이다. 절대 감사의 가능성은 우리가 처한 현실에 달린 게 아니다. 아무리 열악하고 불행한 현실 속에서도 어떤 사람은 감사를 길어 올리니까.


## 겸손은 감사의 결실을 맺는다


가시나무에 대한 이솝 우화가 있다. 하루는 가시나무들이 주피터 신에게 자신들의 억울한 입장을 호소했다.

"너무 하십니다. 어쩌면 이 많고 많은 나무 중에서 우리만 가장 먼저 사람들의 미움을 받아 도끼에 희생이 되어야 합니까? 우리도 다른 나무들처럼 우리에게 주어진 운명대로 천수를 다 누리며 살다가 세상을 떠나고 싶습니다. 제발 저희의 부탁을 들어주십시오. 생긴 것도 볼품없는데다 가시까지 돋았으니 얼마나 미워하겠습니까? 간곡히 애원하오니 선처해주옵소서."

그 말을 들은 주피터 신은 그 주장이 그런 대로 일리가 있다고 생각했다. 그러나 다음과 같은 말을 덧붙였다.

"너희의 탄원이 틀리지는 않았다. 그렇다고 다 옳은 말이라고 할 수도 없단다. 왜냐하면 너희가 주장하는 불행이 반대로 해석하면 감사해야 할 사항이기 때문이다. 이해하기가 어려우냐? 다시 말하마. 너희는 가시가 있어서 인간들의 저주의 대상이 되는 것처럼 얘기하지만 실은 그렇지 않단다. 오히려 너희 몸의 재질이 단단하고 견고하여 가구재로 긴요하게 쓰이기 때문에, 즉 효용가치가 뛰어나기 때문에 서둘러 베는 것이지 미워서 그리 하는 것이 아니다. 알겠느냐? 하나 더 언급하마. 너희는 사람들에게 유용하게 쓰이기 위한 죽음을 살신성인으로 이해해야 한단다. 만약 너희가 아무 짝에도 쓸모없는 무가치한 존재라면 도끼날은 피할 수 있을지 모르지만 철저한 무관심 속에 목숨이 다하는 날까지 외로움과 고독함으로 몸이 말라비틀어지는 형벌을 받게 된다는 사실이란다."

이 말을 들은 가시나무들은 함구무언이 되고 말았다. 그런데 그 말을 듣던 어떤 가시나무가 혼자 중얼거렸다.

"내가 정작 슬픈 것은 우리들 몸으로 쐐기를 만든다는 사실이야. 나무꾼들이 가시나무를 넘어뜨리고 그것을 잘게 패는데 자꾸 도끼날이 빠지니까 우리 가시나무의 가지를 잘게 다듬고 쐐기를 만들어서 도끼와 손잡이 나무 사이에 박아 물러나지 않게 한 다음 힘차게 우리 몸을 찍기 시작한단 말이야. 남들이 그걸 보고 뭐라 그러는 줄 알아? 자두연기(煮豆燃箕)라고 그래. 자두연기가 무슨 말이냐고? '콩깍지는 가마솥 밑에서 타고, 같은 뿌리에서 태어난 콩은 뜨거움을 견디지 못하고 가마솥 안에서 운다.' 그런 뜻이지. 우린 참으로 동족상잔 같은 운명을 타고 났나 봐. 비켜가지 못할 숙명."

그 얘기를 들은 가시나무들은 "우린 왜 이렇게 팔자가 기구해?" 하며 모두 눈물을 흘렸다.

한편 아주 크고 건장한 가시나무가 태풍을 만나 뿌리가 뽑혀 갈대밭에 자빠졌다. 옆을 보니 자기보다 가늘고 연약한 갈대가 아무렇지도 않게 그대로 서 있었다. 그래서 가시나무는 갈대에게 물었다.

"대관절 어떻게 된 거지? 어찌하여 너희는 가볍고 약한데도 불구하고 무서운 태풍에 그렇게 잘 견디는 거야? 도대체 이유가 뭐야?"

갈대는 웃으면서 말했다.

"그렇게 알고 싶으시오? 이 미련한 양반아, 당신들은 바람에 맞섰기 때문이오. 안 봐도 본 거나 진 배 없소. 뻔하지 않소? 당신은 가시라는 강력한 무기를 바탕으로 기고만장하여 하늘 높은 줄 모르고 늘 우쭐거렸잖소! 그래서 바람에게 미움을 받아 그렇게 된 것이오. 바람과 싸워 이긴 장사가 어디 있소? 우리야 힘도 없지만 바람의 성정을 잘 알고 있기 때문에 언제나 작은 바람에도 허리를 굽혀 순종한단 말이오. 그런 탓인지 바람은 우리를 흔들기만 할 뿐 꺾지 않는단 말이오. 아시겠소?"

가시나무는 그 말이 별로 마음에 들지 않았다. 그래서 물었다.

"그렇다면 다른 나무들도 너희처럼 바람에 순종하니?"

갈대는 대답했다.

"그럼요. 복종한 나무는 다 살고 항거한 나무는 다 뿌리가 뽑혀 말라 죽었소."

가시나무는 속으로 중얼거렸다.

"순종하지 않은 결과가 자두연기로 나타나는 것이라고? 앞으론 절대로 가시를 위용삼거나 드러내지 말아야지."

겸손한 사람은 넘어지고 꺾이지 않는다. 사람들은 겸손한 사람을 구태여 꺾으려 하지 않고, 오히려 보호해주려고 하니까. 교만한 사람은 스스로 숙이지 않는다. 그러나 결국 다른 힘에 의해 꺾이고 만다.

사탄은 교만한 자를 노리고, 하나님은 겸손한 자에게 은혜를 베푸신다. "그러나 더욱 큰 은혜를 주시나니 그러므로 일렀으되 하나님이 교만한 자를 물리치시고 겸손한 자에게 은혜를 주신다 하였느니라"(약 4:6). 자신이 높이지 않아도, 사람들이 높여주지 않아도 하나님이 높이시면 된다. "주 앞에서 낮추라. 그리하면 주께서 너희를 높이시리라"(약 4:10).

그렇다. 감사의 열매를 향유하려면 기억해야 한다. 겸손한 사람은 더 큰 은혜를 누리게 된다는 걸. 겸손한 사람은 주님에 의해 높임을 받는다는 걸. 그러나 교만하게 되면 버림받고 패망하게 된다는 걸. 감사는 주님이 베푸시는 평생 은혜를 신뢰하며 겸손한 사람이 맺는 삶의 열매이다.


## 성령 충만은 감사로 인도하는 문이다

그리스도인의 특권도, 의무도 역시 성령 충만이다. 그리스도인의 삶의 특징은 바로 성령 충만이다. 성령 충만은 성령의 완전한 지배를 받는 상태를 말한다. 즉 성령에 의해 이끌림을 받는 삶이다. 성령 충만한 사람은 생각도, 감정도, 판단도 성령님의 내적 충동과 인도하심을 따라 산다. 성령 충만은 말씀 충만, 그리스도의 충만으로 표현할 수도 있다. 그렇기 때문에 성령 충만한 그리스도인은 말씀을 따라 순종하며 그리스도의 임재 안에서 살아간다. 그러니 그 삶에 아름다운 열매가 맺힌다.

신학자 토리 박사는 "성령 충만이 감사 충만"이라고 말한다. 그렇다. 실제로 성령 충만한 사람은 어떤 환경이나 어떤 사건 앞에서도 감사한다. 다른 사람에게 사기를 당하고서도 감사한다. 비참한 사고를 당했는데도 감사할 수 있다. 병원에서 사형선고를 받았는데도 감사할 수 있다. 심지어 감옥에 갇혀 오늘 죽을지, 내일 죽을지 모르는데도 감사할 수 있다. 사도 바울처럼. 성령께서 그 사람으로 하여금 심령으로부터 감사가 넘치게 하기 때문에.


'일본의 테레사'라 불리는 여인이 있었다. 그녀는 평생토록 한센병 환자들을 돌보고, 그들을 위해 요양원을 만들었던 다마키 여사다. 한센병 환자들은 그녀가 자신들에게 가까이 다가오는 것을 한사코 만류하였다.

"가까이 오지 마세요, 다마키 여사님!"

그러나 그녀는 거리낌이 없었다.

"괜찮아요. 제가 좀 봐야겠어요."

사람들은 그녀의 무모한 행동을 걱정하며 말했다.

"저 환자들은 피부에서 고름이 나니까 위험한데…."

그러나 그녀는 생각이 달랐다.

"고름이 좀 나면 어때요? 다 같은 사람끼린데…."

그녀는 주변 사람들의 걱정에는 아랑곳하지 않고 늘 한센병 환자들 곁에서 그들을 돌봐주었다. 만약 그녀가 성령 충만한 삶을 살지 않았다면 그렇게 하지 못했을 것이다.

그러다가 불행하게도 그녀 역시 전염되고 말았다. 그러나 그녀는 누구도 원망하지 않았다. 오히려 감사했다. 왜냐하면 이제는 그들을 가까이하는 데 더욱 자유로워졌기 때문이다. 그녀는 지난날을 회상하면서 이렇게 기록했다.

"이제 육체의 눈이 가려지고 영혼의 눈이 열리니 감사한다. 눈썹이 빠지면서 눈썹의 고마움을 알았다. 먼지가 눈에 들어가는 것이 이렇게 고통스러운 줄은 미처 몰랐다. 하나님께서 내게 병을 주어 감사의 마음을 알게 하셨으니 얼마나 고마운가!"

'황금의 입'이라는 별명을 가진 위대한 설교자 크리소스톰은 감사에 대해 이렇게 말했다. "감사하는 것에 인색하지 않는 자는 축복의 열쇠를 손에 쥔 자이다. 모든 음식에 소금이 들어가야 맛이 나듯 모든 일에 감사가 들어가면 형통하다. 아무리 주어도 감사할 줄 모르는 사람은 그가 개인주의자인 까닭이다. 환난과 슬픔에서 하나님께 감사하라. 그리하면 하나님께서 그것을 축복으로 변화시킨다." 성령 충만한 성도는 모든 사건과 일이 하나님의 은혜의 손길 안에 머물고 있음을 안다. 그렇기에 감사가 나오게 된다. 감사하는 사람에게는 하나님이 더 많은 축복을 주시건만 아직도 불평에 익숙한가?

감사는 성령 충만의 증거이자, 하나님을 영화롭게 하는 최고의 제사 행위이며, 천국 시민의 생활 특징이다. 어떤 이는 "성령 충만한 사람에게는 담배 연기 대신 감사의 향기가 나온다"라고 말한다. 그렇다. 성령 충만한 사람은 신령한 노래를 부른다. 성령 충만한 그리스도인은 세상적인 노래보다 신령한 노래가 나오니까. 성령의 인도를 따라 아름다운 열매를 맺는다. 그러니 그 삶에 향기가 나올 수밖에 없다. 어렵고 환난을 당할 때 감사하지 못하는 것은 결국 성령으로 충만하지 않기 때문이다. 성령 충만은 환난을 이기고 감사로 변하게 만든다.

자녀를 양육하고 교육하는 일은 결코 쉽지 않다. 자녀 양육에 있어 중요한 중심축을 점검해봐야 한다. 셰익스피어는 "감사치 않는 자녀를 두는 것은 독사의 이빨보다 더 날카로운 찌르는 가시이다"라고 말했다. 훌륭하고 멋진 자녀를 만드는 것도 중요하지만 감사할 줄 아는 자녀로 양육해야 한다. 그렇지 않으면 다 키워놓고 부모가 그 독에 죽을지도 모른다. 이와 관련해서 조용기 목사님은 "감사는 여러분의 축복에 자물쇠를 채우는 비결"이라고 말했다. 하나님의 복을 자녀들에게 물려주기를 원하는가? 그들의 손에 축복의 열쇠인 감사를 쥐어주어야 한다.

# 빈 마음에 주어지는 선물은?

　　　　　평생 은혜를 누리고 있음에도 불구하고 그걸 깨닫지 못
하고 감사하지 못하는 것은 심각한 질병이다. 육신적인 한센병보다
더 심각한 영적인 한센병자이면서도 병이라고 생각하지 않는 것이
더 큰 문제이다. 그러니 질병을 고칠 엄두도 내지 못한다. 사람들은
가진 것이 없어서 감사하지 못한다고 스스로에게 최면을 건다.

　그런데 그렇지 않다. 우리는 얼마든지 가진 것이 없어도 감사할
수 있다. 감사는 소유의 넉넉함에서 나오는 것이 아니다. 마음의 넉
넉함이 감사를 생산한다. 철학자 키에르케고르는 "행복은 감사 속에
있다"라고 말했다. 스스로 행복의 길을 찾는가? 간단한 방법이 있다.
감사하라. 다른 사람에게 행복을 선물하고 싶은가? 역시 감사하라.

　어느 아가씨가 시집갈 나이가 되었다. 생각해봤다. '어떻게 하면
행복할까?' 집에서 골라주는 대로 이 사람 저 사람 선을 봤다. 그런
데 아무리 선을 봐도 뭔가 느낌이 오지 않았다. 사랑의 느낌이나 감
정이 일어나지 않았다. 그리고 이왕이면 다홍치마 아닌가? 키 크고
잘생긴 신랑감이면 더 좋을 것 같았다.

　어느 날, 선을 보는데 정말로 키도 크고 영화배우 같은 남자를
만났다. 순간 그 남자에게 푹 **빠졌다**. 집안에서는 반대가 심했다. 그
래도 멈출 수가 없었다. 이 남자하고 살면 행복할 것만 같았다. 마침

내 그 남자와 결혼했다. 신랑과 밖으로 다닐 때면 신랑 때문에 자신의 주가가 올라가는 것 같았다. 정말로 행복한 것 같았다. 그런데 함께 살다보니 남자가 돈이나 능력이 없었다. 매일 놀고먹는 건달이었다. 아무리 얼굴이 잘 생겼으면 뭐하는가? 얼굴 뜯어먹고 사는 것도 아니고 돈이 있어야 살지! 결국 남편을 바꾸기로 작정했다. 한 번은 실패했지만 이번에는 진짜 행복할 수 있는 사람을 만나야겠다고 생각했다.

그래서 돈 많은 남자를 찾았다. 어차피 얼굴 뜯어먹고 사는 게 아니지 않는가? 비록 얼굴은 못생기고 배운 게 없고 나이가 좀 많아도 돈만 많으면 행복할 것이라 생각했다. 그래서 돈 많고 나이 많은 사람과 결혼했다. 그런데 이게 웬일인가? 돈은 많은데 얼마나 구두쇠인지 아내에게 돈을 줘야 말이지. 게다가 배운 게 없으니 교양도 없고 무식하고 거칠고 상스러운 말을 함부로 했다. 집안 분위기가 마치 공사판 같았다. 더구나 무식하면 용감하다고 똥고집이 있어서 도저히 같이 살 수가 없었다. 이미 한 번을 바꿨는데 두 번은 못 바꾸랴! 그래서 새 길을 찾기로 결심했다.

이제는 남편감을 고르는 일이 더 어려웠다. 지난 번 무식한 남편에 질렸다. 그래서 이번에는 많이 배우고 교양 있고 똑똑한 사람을 찾았다. 돈은 있을 만큼만 있으면 되고 자신을 인격적으로 대우해줄 수 있는 남자를 원했다. 그래서 세상 물정은 잘 모르고 오직 공부만 한 지적이고 교양 있는 사람을 골라 함께 살았다. 남편은 여기저기

강의도 다녔다. 그리고 연구실에 앉아서 열심히 연구만 했다. 그런데 살아보니 실력은 있지만 줄도 없고 백도 없었다. 그러다 보니 매일 굽실거리기만 했다. 다른 사람들이 오라면 오고 가라면 가고 하는 남편의 맥없는 모습이 싫었다. 더구나 남편 때문에 남편의 상사 부인에게 굽실거리면서 살자니 도저히 살 수가 없었다. 그래서 힘이 있어야 되겠다 싶었다. 세상 물정도 잘 모르니 앞뒤가 막혀 있고 배운 것은 많지만 세상을 살아가는 데는 너무 답답했다. 숨이 막혀서 더는 살 수가 없었다. 그래서 다시 남편을 바꾸기로 했다.

이번에는 힘 있고 권력을 가진 사람을 찾았다. 그래서 권력 있는 사람과 함께 살아보니 어깨에 힘을 줄 수 있고 으스댈 수도 있었다. 정말이지 살맛나는 것 같았다. 그런데 힘 있던 남편이 감사에 걸려 퇴출을 당하고 말았다. 남편은 감방 신세를 져야 했다. 주변 사람들로부터 나쁜 사람이라는 눈총을 받게 되었다. 교도소에 앉아 있는 사람을 언제까지 기다리겠는가? 그래서 다시 새 남편을 찾기로 결심했다.

이제 늙어가고 그래도 명예가 중요할 것 같아서 명예를 가진 사람을 찾기로 했다. 갖은 수단과 방법을 다 동원해서 명예를 가진 사람을 찾았지만 만족은 없었다. '남편 찾아 삼만 리'의 인생이 이렇게 험난했다.

당신은 어떤가? 어디에서 행복을 찾는가? 누구를 만나도, 무엇을 얻어도 만족을 누리기가 힘들다. 그렇다면 중요한 것은 예수 그리스도 안에서 누리는 자족하는 마음이다. 감사는 '주어진 상황'이 아니라 '만족'에서 나온다. 세상에는 늘 만족할 줄 모르는 사람이 있는가 하면 늘 만족하면서 살아가는 사람도 있다. 사도 바울은 어떤 상황에서도 자족하기를 배웠다고 고백한다. 감사의 영성은 바로 자족하는 마음을 갖는 것이다.

유대인의 탈무드에 보면 이런 내용의 글이 있다. "이 세상에서 가장 현명한 사람은 어떤 사람인가? 모든 사람에게 항상 배우는 사람이다. 이 세상에서 가장 강한 사람은 누구인가? 자기 자신을 이기는 사람이다. 그렇다면 이 세상에서 가장 부요한 사람은 누구인가? 자기 자신이 가지고 있는 것으로 만족하는 사람이다." 인생을 감사로 물들이고 싶은가? 그렇다면 가진 것으로 만족하는 삶을 배워야 한다. 주어진 환경에 만족하는 법을 훈련해야 한다. 내 곁에 있는 사람들에게 감사하는 법을 배워야 한다.

불평하는 사람들을 보면 '없어서' 불평하는 게 아니다. 하나님의 은혜를 깨닫지 못하고 '좀 더'라는 치유하기 힘든 고질적인 질병을 갖고 있기 때문이다. 우리가 살아가는 현실은 사실 절대적 빈곤이 아니라 상대적 빈곤이다. 감사하는 사람들을 보면 '주체할 수 없을 정도로 많아서' 감사하는 게 아니다. 비록 작은 것이지만 하나님의 은혜를 깨닫고 만족할 수 있는 건강한 마음이 있기 때문이다.

누구나 마음에 원하는 것을 모두 다 채우고 살 수는 없다. 없는 가운데서도 만족하는 사람이 있는가 하면 있어도 감사하지 못하는 사람도 많다. 없는 것만 곰곰이 생각하는 사람이 있는데 그는 백발백중 불만족스러운 삶을 살게 된다. 어떤 사람은 가진 것을 곰곰이 늘 묵상하는데 그는 늘 감사하면서 살게 될 것이다. 감사는 다 채워져서 주어지는 선물이 아니라 덜 채워져도 평생 은혜에 눈을 뜬 마음의 부자가 누릴 수 있는 선물이다.

그렇기 때문에 소유의 부자보다 더 큰 부자는 마음의 부자이다. 마음의 부자는 하루 세 끼 먹을 수 있는 것을 감사한다. 다소 불편한 곳이 있더라도 병원에 입원하지 않는 것 때문에 감사한다. 다른 남편들처럼 멋지지는 않지만 늘 가정적이어서 감사한다. 공부를 잘하지 못하지만 건강하게 구김살 없이 자라는 자식들 때문에 감사한다. 월급이 정상적으로 나오지 않아도 출근할 수 있는 직장이 있다는 것에 감사한다.

감사하기를 원하는가? 더 많은 것을 가지려고 애쓰기보다 마음을 비우려고 애써야 한다. "이르되 내가 모태에서 알몸으로 나왔사온즉 또한 알몸이 그리로 돌아가올지라. 주신 이도 여호와시요 거두신 이도 여호와시오니 여호와의 이름이 찬송을 받으실지니이다 하고 이 모든 일에 욥이 범죄하지 아니하고 하나님을 향하여 원망하지 아니하니라"(욥 1:21-22). 마음만 비우면 불쾌감이 사라진다. 짜증나고 분노할 상황이 사라진다. 마음만 비우면 수중에 지금 있는 것으로도 훨씬 자유로울 수 있다.

나의 빈 마음이 오염되지 않도록 조심해야 한다. 거룩하고 깨끗한 마음이 욕심과 죄로 얼룩지지 않게 해야 한다. 우리 주변에 얼룩진 마음을 가진 사람은 나의 백지 같은 마음을 전염시킬 수도 있다. 그래서 셰익스피어는 "감사할 줄 모르는 사람과의 만남은 독사의 입에 물리는 것과 같다"라고 말했다. 가까이하는 사람을 조심해야 한다. 그들의 욕심이 나의 빈 마음에 뿌리내려가는 감사를 도둑질할 수도 있으니까. 빈 마음을 가진 깨끗한 사람들과 동행해야 한다. 감사로 얼룩진 사람들과 함께 여행을 해야 한다. 그러면 감사가 나의 영원한 동반자가 될 테니까.


## 다른 데로 눈을 돌리면 감사가 보인다

　　　　어느 날, 노만 빈센트 필 목사가 집회를 마치고 나오고 있었다. 그때 한 젊은이가 찾아와 불평을 늘어놓았다.

　　"나는 모든 것을 다 잃었습니다! 모든 것이 잘못되어 가고 있습니다!"

　　그러자 빈센트 필 목사가 물었다.

　　"모든 것이 다 잘못되어 가고 있다고요?"

　　그가 대답했다.

　　"네, 정말 그렇습니다. 옳은 것이라곤 전혀 없습니다."

빈센트 필 목사가 다시 물었다.

"단지 조금이라도 정상적인 것이 없습니까?"

"네, 전혀 없습니다."

그 젊은이는 단호하면서도 우울하게 말을 끝마쳤다.

목사님은 큰 종이 한 장을 집었다. 그리고 종이 중앙에 선을 긋고 두 개의 같은 면을 만들었다. 왼쪽 부분에 '잘못되어 있는 것들'이라고 적고, 다른 면에는 '올바른 것들'이라고 적었다. 그러자 젊은이는 눈치를 채고 불만이 가득한 투로 말했다.

"오른쪽 면에는 어떠한 것도 적을 것이 없을 겁니다."

빈센트 필 목사는 타이르듯 조심스럽게 말했다.

"알았습니다. 우선 한 번 적어나 봅시다. 먼저 잘못되어 있는 것들을 적어봅시다."

그 말이 끝나기가 무섭게 젊은이는 재빨리, 그리고 쉽게 그 면을 다 채웠다.

그것을 지켜본 필 목사는 그 젊은이를 향해 말했다.

"이젠 감사해야 할 것을 적어봅시다. 단 한 가지라도 좋은 것이 있지 않겠습니까?"

젊은이는 화가 난 듯 소리쳤다.

"난 단 한 가지도 생각할 수 없습니다."

그러나 필 목사는 아랑곳하지 않고 젊은이에게 물었다.

"자, 당신의 아내는 죽었습니까?"

"아니요, 물론 안 죽었죠."

그래서 목사님은 오른편에 '건강하게 살아 있는 아내'라고 썼다.

"당신의 집은 어떻습니까? 불에 탔습니까?"

"천만에요, 그렇지 않아요."

그래서 '타지 않은 집'이라고 썼다.

"당신은 어떻습니까? 심장마비라도 있습니까?"

그는 "당신은 나를 놀리는 겁니까? 내가 심장마비 증세를 가진 것처럼 보입니까?"라고 퉁명스럽게 대꾸했다. 그래서 필 목사는 썼다. '심장마비 없음'이라고.

빈센트 필 목사는 "보십시오!"라고 계속 말을 이었다.

"당신은 모든 것이 잘못되어 있다고 내게 말하지 않았습니까? 그러나 힘을 거의 안들이고도 우리는 대단히 좋은 세 가지 기본 사실을 적을 수 있게 되었군요. 이제 내가 당신에게 원하는 것은 계속하여 좋은 것들을 적는 면을 채워나가는 것입니다. 그리고 날마다 아침, 저녁으로 그것들에 대해 감사하십시오. 감사하다고 말하고 감사하다고 생각하십시오. 당신이 감사해야 하는 것이 얼마나 많은지 보십시오. 그리고 모든 사람에게, 특히 당신 자신에게 당신이 얼마나 감사하고 있는지 말하면서 살아가십시오. 나를 믿어보십시오. 당신은 놀라게 될 것입니다. 왜냐하면 당장 당신은 감사하는 마음을 대단히 발달시킬 수 있기 때문입니다. 그리고 이러한 생각이 당신에게 실제의 전환점을 주는 시발점이 될 것입니다. 갑자기 모든 것이 완전히 좋아지리라고 성급하게 기대하지는 마십시오. 왜냐하면 갑자기 그렇게 되는 것은 아니니까요. 그러나 한 가지 분명한 것이 있습니다. 감사의 정도가 점점 커갈 것이며 당신이 내게 당신 자신이 아직도 인생의 살아 있는 시간을 소유하고 있다고 말할 때까지 그 감사는 계속 커질 것입니다."

당신이 감사하지 못하는 이유가 무엇인가? 감사거리가 전혀 없기 때문은 아니다. 단지 당신이 곁에 있는 감사거리를 보는 눈이 없기 때문이다. 감추어진 감사거리를 보지 못하는 것이다. 지금도 감사거리는 많다. 왜 몇 가지의 불평거리에 마음이 다 빼앗겨서 불평만하고 살아가는가? 당신의 눈을 몇 가지 안 되는 불평거리에서 아주 많은 감사거리로 돌리라. 그러면 금방 감사하는 삶으로 바뀔 것이다.

세상에는 100% 감사한 환경도 없고 100% 불평할 환경도 없다. 같은 환경이라도 바라보는 시선에 따라 감사가 되기도 하고 불평이 되기도 한다. 프랑스의 소설가 마르셀 프루스트는 말했다. "진정한 발견은 새로운 풍경을 찾는 것이 아니라 새로운 시각으로 보는 것이다." 환경과 조건을 탓하면서 불평하고 원망할 게 아니라 내 마음과 시선이 어디를 향하고 있는지를 점검해봐야 한다.

병든 마음과 영성을 가진 사람은 그 어떤 상황에서도 짜증을 부리고 원망하고 미워하며 살아간다. 그러나 건강한 마음과 영성을 가진 사람은 어떤 환경과 조건에서도 감사하고 찬양하며 사랑하는 삶을 선택한다. 알고 보면 둘 다 평생 은혜의 날개 아래 살아가면서도. 하박국 선지자는 국가적으로 심각한 위기를 직감하고 있었다. 그러나 그는 현실을 초월한 영성으로 하나님께 감사했다. 현실이 어떨지라도, 결과가 어떨지라도, 소원 성취에 개의치 않고 구원의 하나님을 인해 기뻐하고 즐거워했다(합 3:17-18). 내 삶의 여정에 하나님이 하시는 일들을 바라보는 믿음의 눈을 가지면 얼마든지 감사하며 살 수 있다.

## 하나님께 집중할 때 감사할 수 있다

평생 은혜 안에 살아가는 그리스도인은 자기 뜻과 계획이 아닌 하나님의 뜻에 목숨을 건다. 하나님의 뜻이라면 고난과 죽음의 불구덩이라도 기꺼이 들어간다. 아골 골짝 빈들일지라도 마다하지 않는다. 하나님의 뜻에 매여 사니까. 하나님께 매여 하나님의 뜻을 좇아가는 사람들은 범사에 감사한다. 잘되도 감사, 못되도 감사이다. 살아도 감사, 죽어도 감사이다. 왜냐하면 그것이 바로 하나님의 뜻이니까.

사도 바울은 영원히 변치 않는 하나님의 뜻을 하나 제시한다. "범사에 감사하라. 이것은 그리스도 예수 안에서 너희를 향하신 하나님의 뜻이니라"(살전 5:18). 하나님의 뜻을 행하며 사는 사람이 되고 싶은가? 그렇다면 범사에 감사하는 습관을 가져야 한다. 노먼 빈센트 필 목사는 "따뜻한 마음으로 '감사합니다' 라고 한마디 하는 데는 단지 몇 초의 시간만 있으면 된다"라고 말했다. 그런데 사람들은 감사를 잊고 살아간다. 잊을 것이 있고 잊지 말아야 할 것이 따로 있는데, 불행하게도 많은 사람이 잊지 말아야 할 감사를 잊고 산다.

다윗은 "내 영혼아 여호와를 송축하며 그 모든 은택을 잊지 말지어다"(시 103:2)라고 고백했다. 그런데 받은 은혜를 잘 잊는 건망증 환자가 많다. 하나님은 이스라엘 백성에게 많은 것을 공급해주셨는데 그들은 늘 불평하는 것이 습관으로 몸에 배었다. 사람들을 보면 왠지 모르게 감사가 없고 불평과 불만으로 가득 찼다. 그러니 살벌하다. 감사하는 사람들은 얼굴이 밝고 말하는 것도 부드러우며 대하는 것도 너그럽다. 그러나 감사를 잃은 사람들은 얼굴이 칙칙하고 어두우며 굳어져 있다. 말하는 것도 까칠하며 거칠고 아프다. 그러니 주변 세계를 불행하게 만든다. 반대로 하나님의 은혜를 향유하기에 감사할 줄 아는 사람은 주변 세계와 사람들을 행복하게 만든다.

이와 관련해서 찰스 스펄전 목사는 이렇게 말했다. "우리에게 별빛을 주신 은혜를 감사하면 하나님께서는 우리에게 달빛을 주실 것이요, 우리에게 달빛을 주신 은혜를 감사하면 하나님께서는 우리에게 햇빛을 주실 것이다. 그리고 우리에게 햇빛을 주시는 은혜를 감사하면 하나님께서는 우리를 햇빛도 소용없는 좋은 곳으로 인도하여주실 것이니, 거기에는 영원하신 빛이 밤낮으로 비칠 것이다."

감사는 목숨을 걸어야 할 정도로 어려운 일이 아니다. 감사는 많은 재물을 허비해야 하는 일도 아니다. 감사는 결코 손해가 아니다. 그렇다고 감사는 본전도 아니다. 감사는 무조건 남는 장사이다. 왜냐하면 감사는 나에게 다시 돌아오는 부메랑이자 반드시 기적을 일으키기 때문이다. 그래서 세상에서 가장 불행한 사람은 감사를 잃고 기적을 체험하지 못하며 사는 사람이다. 감사하면 내 인생이 크고 작은 기적으로 가득할 것이다.

데오도르 루즈벨트 대통령은 정치 운동가들이 부산한 소동을 일으키는 가운데서도 감사를 잃지 않았다고 한다. 그는 자신의 전용열차에서 내리면서 잠시 멈추어 섰다. 그리고 기관사와 화부에게 인사했다. "안전하고 편안한 여행을 하게 해주어 고맙다"고. 그 인사말은 그의 시간 중 극히 짧은 단 1분이면 족했다. 그러나 그의 감사하다는 인사를 받은 사람들의 가슴에는 평생 잊히지 않는 행복한 말이 되었다. 그래서 그의 영원한 후원자가 될 수 있었다.

감사는 하나님께 집중하는 사람들의 몫이다. 하나님의 뜻에 집중하면 감사하지 못할 상황이 없다. 그런데 아무나 감사할 수 있지만 아무나 선택하는 것은 아니다. 어떻게 감사할 수 있는가? 감사는 그리스도의 평강으로 마음을 주장하게 하고, 그리스도의 말씀으로 풍성하게 하며, 그리스도를 힘입어 살아갈 때 가능하다(골 3:15-17). 즉 하나님의 은혜를 체험하는 것이 감사를 넘치게 만든다.

P·a·r·t 02

# 성도의 감사는
# 상대적이지 않다

## 05. 감사는 길들여진 신앙 습관이다

내가 걸어가는 길에 반대자가 없고 내가 하는 일에 대적자가 없다면 얼마나 행복할까? 때때로 내가 하려는 일, 가려는 길을 가로막고 반대하면 속상하다. 내가 하는 일에 대해 다른 사람들에게 비난하고 험담하며 돌아다니는 사람을 보면 화가 치밀어 오른다.

그런데 인텔 2대 회장인 엔드류 그로브는 다른 의견을 제시한다. "나는 반대자들에게 감사한다. 조직은 리더가 가진 꿈과 그릇의 크기만큼 자란다. 큰 그릇은 많은 것을 담을 수 있다. 나와 동질의 것, 나를 편안하게 하는 것뿐 아니라 나와 다른 그래서 불편한 것도 끌어안을 수 있을 때 조직은 지속적으로 성장한다."

사실 말이 쉽지 그 길을 걷기란 결코 쉽지 않다. 그러나 평범하지 않은 사람들이 걸었던 길을 보면 반대하고 대적하는 사람들에 대한 남다른 반응을 보인 게 사실이다. 이와 관련해서 IBM 창업자 토마스 왓슨은 이렇게 강변한다. "나는 싫어하는 사람을 승진시키는 걸 주저하지 않는다. 오히려 뭐가 사실인지를 말하는 반항적이고 고집센, 거의 참을 수 없는 타입의 사람을 항상 고대했다. 만약 우리에게 그런 사람들이 아주 많고 그런 사람들을 참아낼 인내가 있다면 그 기업에 한계란 없을 것이다."

나와 다른 것을 품고, 나와 다른 사람을 인정하는 것은 쉬운 일이 아니다. 그러나 그것을 통해서도, 그런 사람을 통해서도 일하시는 하나님의 손길을 인정한다면 별 문제될 것이 없다. 비난과 반대와 적대적인 상황에서도 평생 은혜는 좌절되지 않으니까. 창조주 하나님의 일하시는 은혜를 받아들인다면 불가능해 보이는 상황과 사람들로 인해 불평하고 원망하기보다 감사의 도전장을 던지게 될 것이다. 중요한 건 감사의 도전장을 던질 그 사람 그릇의 크기이고 마음의 넓이다.


## 결단할 때 감사가 흘러나온다


교회에 부임한 지 벌써 18년이 되었다. 적지 않은 세월이다. 처음 3~4년은 복잡하고 어지러웠던 교회를 안정시키느라 정신없었다. 늘 입이 부르터 있었다. 그러한 목사의 모습을 보며 교인들도 안타까워했다. 그러다가 부임한 지 5년 차 되던 해에 나를 한번 돌아보는 계기가 마련되었다. 목회현장도 어느 정도 안정이 되었다. 생각해보면 정말로 감사한 일이었다. 그런데 교역자들끼리 대화를 나누면서 감사하지 못하는 우리들의 모습을 보게 되었다. 이런저런 일들이 불평거리로 자리 잡았다. 사실 따지고 보면 불평거리가될 수도 있었다. 그런데 2007년 말에 하나님이 나로 하여금 감사지수를 스스로 점검하게 하셨다. 부끄러웠다. 하나님은 "다시 궤도 수정이 필요한 때"라고 말씀하셨다.

그래서 2008년도를 향하면서 교역자들 앞에서 고백했다. "이상하게 최근 감사보다는 불평하고 있는 저를 보게 됩니다. 그리고 불평은 전염성이 있음을 봅니다. 그런데 감사를 잃은 불평은 제 영혼과 영적인 질서에 아무런 유익을 주지 못하고 있다는 사실을 발견하게 됩니다. 그래서 이제는 더욱 감사하며 살아야겠다는 다짐을 해봅니다."

그리고 결단을 내렸다. 불평의 끈을 끊고 감사의 밧줄을 동여매리라고. 그 이후 나는 불평하는 자신의 모습이 하나 둘씩 사라지고 있는 것을 본다. 물론 아직 감사로 완벽하게 치장된 인생이라고 말할 수는 없다. 그러나 감사를 하나씩 영혼의 바구니에 주워 담고 있다. 얼마 있지 않아서 내 영혼의 바구니에는 감사로 가득 찰 것이다. 그리고 그것을 다른 사람들에게 나눠줄 것이다.

인간의 마음가짐은 육체적으로나 정신적, 그리고 사회적으로 매우 큰 영향력을 끼친다. 특히 감사하는 마음은 우리 인생에 지대한 영향을 미친다. 감사하는 마음은 나를 현재보다 훨씬 긍정적이고 밝은 태도를 가지게 한다. 그리고 감사하는 마음이야말로 스트레스를 쫓아낼 수 있으며 좋은 관계를 만들어갈 수 있다.

인생은 선택이자 결단이다. 결단이 없는 인생에 새로운 변화는 다가오지 않는다. 그렇듯 감사는 결단이다. 불평의 끈을 끊어버리기로 결단할 때 감사의 끈이 보이기 시작한다. 결단을 내리기 전까지는 감추어져 있는 감사의 밧줄이 보이지 않는다. 감사하기로 결단하는 순간 감사의 밧줄은 나에게 슬며시 다가온다. 감사를 선택하는 순간 감사의 밧줄은 나를 칭칭 동여맨다. 감사와 끊을 수 없는 일체가 되게 한다.


## 표현될 때 감사가 더욱 빛난다


감사는 표현될 때 진가를 나타낸다. 그런데 사람들은 감사하는 마음을 갖고 있음에도 표현을 잘하지 않는다. 우리는 자주 이런 말을 한다. "노래는 부를 때까지 노래가 아니며, 종은 울릴 때까지 종이 아니고, 사랑은 표현할 때까지 사랑이 아니며, 축복은 감사할 때까지 축복이 아니다." 그래서 미국의 언론인이자 칼럼리스트인 윌리엄 아서 워드는 이런 말을 했다. "감사를 느끼기만 하고 표현하지 않는다면 그것은 마치 선물을 포장한 채 주지 않고 있는 것과 같다." 내가 받은 축복과 은혜에 대한 고마운 마음을 감사로 표현해야 한다. 표현된 감사는 자신의 인생을 아름답고 행복하게 만든다.

한국인은 가까운 가족한테 고맙다, 감사하다고 말하는 걸 쑥스러워한다. 사실 가장 가깝고 소중한 사람일수록 그런 표현을 더 많이 해야 하는데. 나는 예배를 마치고 나면 성도들의 손을 잡고 악수한다. "고맙습니다! 감사합니다!" 이들이 있기에 내 존재 가치가 드러나는 게 아닌가? 들어주는 성도들이 있기에 한 주 한 주 설교를 할 수 있지 않은가? 그러니 감사하지 않을 수 없다.

"고맙습니다, 감사합니다"라는 말은 실로 위대한 언어이다. 그런데 사람들은 좀처럼 감사하는 마음을 표현하지 않는다. 미국의 아나운서이자 저널리스트인 데보라 노빌은 이런 말을 했다. "고마움을 표현하는 사람의 수는 날이 갈수록 줄어드는 추세이다. 감사해야 할 대상이 없기 때문만은 아니다. 21세기를 살아가는 사람들은 인류 역사상 최고 수준의 삶을 누리고 있다. 사람들은 더 고급스러운 차와 더 넓은 집, 더욱 좋은 품질의 물건을 살 수 있게 되었다. 하지만 과연 그런 것들이 행복으로 직결된다고 자신 있게 말할 수 있을까?" 행복한 생애를 살고자 하는가? 그렇다면 마음 깊은 곳에서 우러나오는 '감사하다'는 표현을 자주 하면서 살아야 한다. 그러면 내 삶이 달라지는 것을 발견하게 될 것이다.

가끔 사람들은 이렇게 말한다. "사랑한다고 꼭 말로 표현을 해야만 하나? 고맙다는 말을 해야만 하나?" 그렇다. 감사한다, 사랑한다는 말을 표현해야만 한다. 배우자에게 고맙다는 표현을 하는 것과 그렇지 않은 것은 너무나 다른 차원의 삶을 살게 한다. 이에 대하여 캔달 교수는 말한다. "주님은 제가 감사하고 있다는 것을 아신다. 그래도 우리는 주님께 감사하다고 입으로 말해야 한다. 사람들은 내속 마음을 모르지만 하나님은 다 아신다. 그렇더라도 우리는 하나님께 감사하다고 말해야 한다. 마태복음 6장 8절은 하나님은 우리가 구하기도 전에 우리에게 무엇이 필요한지 아신다고 말한다. 그래도 하나님은 우리가 말하길 원하신다. 우리는 기도할 때에 우리의 필요를 말해야 한다."

헤아릴 수 없는 축복과 은총으로 채우신 하나님께 감사의 마음을 표현해야 한다. 내 마음에 감사를 남긴 사람들에게 어떤 방식으로든 고마움과 감사를 전달해야 한다. 그러면 내 안에 감사의 샘물이 펑펑 솟아나는 싱그러운 인생을 경험할 것이다. 우리는 감사할게 너무 많은데도 실제로는 별로 감사하지 못한다. 숨길 수 없는 우리의 솔직한 고백이 있다. "나는 너무나 많은 은혜를 입었으나 말과 행동으로 감사를 표하는 데 너무 소홀했다." 그렇다. 감사를 표현하는 데 인색하거나 주저하지 말아야 한다. 그것은 내 인생에 마이너스 효과가 있을 거니까.

그렇다면 감사를 어떻게 표현해야 할까?

첫째, '표정'으로 감사를 표현해야 한다. 얼굴은 다른 사람에게 읽혀진다. 내 얼굴에 새겨진 미소를 통해 다른 사람들은 감사의 마음을 전달받을 수 있다.

둘째, '말'로 감사를 표현해야 한다. "누추함과 어리석은 말이나 희롱의 말이 마땅치 아니하니 돌이켜 감사하는 말을 하라"(엡 5:4). 고맙다는 말 한마디를 하지 않는 남편과 시댁 식구들 때문에 가슴에 한을 가지고 살아가는 아내나 며느리들도 있다. 유대인은 "감사합니다'라는 말이 혀에 붙기 전까지는 아이에게 아무 말도 가르치지 말라"고 한다. 그렇다. '감사합니다'라는 표현을 잘하는 것이야말로 그 사람의 인격과 영성을 드러내 보여준다.

셋째, '선물'로 고마움을 표현해야 한다. 어느 집사님이 삼척에 멋진 집을 지었다. 노후에 그곳에서 살기로 하고. 집을 지은 지 얼마 지난 후에 하나님께 감사예배를 드렸다. 그때 "목사님, 이번 여름에 친구 목사님들과 저희 집에서 휴가를 보내세요"라고 권했다.

그것이 계기가 되어 진짜 그렇게 하기로 했다. 삼척이어서 거리가 좀 멀긴 하지만 얼마나 아름다운 곳인지 모른다. 산 속에 있지만 차를 타고 5분만 나오면 동해의 해수욕장이 쫙 펼쳐진다. 아주 넓은 집안에 각종 과실수가 심어진 정원, 선풍기가 없어도 시원한 산속의 맑고 시원한 공기, 게다가 계곡에서 아이들과 물고기를 잡는 기쁨도 누릴 수 있다. 냉장고와 주방에 먹을 것도 잔뜩 채워주셨다. 그리고

"다 준비되어 있으니 아무것도 가지고 오지 말라"고 하셨다. 아내는 "오랜 만에 정말 편한 휴가를 보냈다"고 만족해했다.

2박 3일의 즐거운 휴가를 마치는 시점이었다. 아내와 대화를 나누었다.

"너무 감사한데, 무엇인가 선물이라도 해드려야 할 텐데…."

돈으로 드리면 받지 않을 것 같았다. 그래서 '무엇을 사드려야 할까?'를 고민했다. 아내는 고민 끝에 말했다.

"집사님이 손수 만든 장식장 위에 아름다운 조화를 하나 두면 예쁠 것 같아요."

아내는 고속터미널까지 가서 직접 예쁜 조화를 골라왔다. 그래서 다른 자그마한 선물과 함께 드렸다. 집사님은 작은 선물이지만 너무 기쁘게 받아주셨다. 선물을 드리는 우리에게도 너무나 큰 행복이었다. 그렇다. 내 마음속에 감추어진 감사를 상대방이 느낄 수 있는 방식으로 표현해보라. 자신뿐만 아니라 상대방에게 기쁨과 행복을 한껏 선물하게 될 것이다.


## 태도를 조율하면 감사 인생이 된다

우리 인생에서 자세와 태도는 매우 중요하다. 어떤 자세와 태도를 갖느냐 하는 것이 그 사람의 삶과 운명을 결정짓는다. 나이가 들어서 건강하게 사는 노인들을 보면 대개 자세가 꼿꼿하다. 그만큼 척추도 바르다. 올바른 자세는 척추를 바르게 유지할 수 있도록 해주고, 바른 척추는 우리 몸의 각 기관의 기능을 활성화시켜 건강을 유지할 수 있게 해준다. 그래서 바른 태도와 자세는 건강을 가져다줄 뿐만 아니라 삶의 질을 아름답게 만든다.

이와 관련해서 숭실대 명예교수였던 고(故) 안병욱 교수는 "태도는 어떤 사물과 상황에 대한 우리의 마음가짐이요 몸가짐이자 감정적 경향"이라고 말했다. 태도는 분명히 행동이 아니다. 그러나 태도는 행동의 전 단계요 준비단계이다. 결국 태도야말로 행동을 좌우하고 결정한다. 행동은 태도의 표현이다. 이러한 태도는 대인관계뿐만 아니라 상황이나 사건에 대처하는 데 아주 중요한 영향을 미친다.

하나님에 대한 나의 태도를 점검해봐야 한다. 마음의 태도가 잘못되어 있으면 감사의 행동이 결코 나올 수 없다. 사랑과 존경의 태도가 있을 때 비로소 감사할 수 있다. 감사하는 사람은 바른 태도를 가진다. 감사하는 사람이 결코 미운 감정을 가지고 시기하고 짜증을 내는 마음을 가질 수 없다. 불평하는 사람은 좋은 감정과 호의적인 태도를 가질 수 없다. 직장에 대한 좋지 못한 마음을 가진 사람은 늘 불평하고 매사를 투덜거리면서 일한다. 상사를 욕하고 조직과 행정에 대한 불평을 늘어놓는다. 회사나 윗사람에 대한 감사가 전혀 없다. 교회나 목회자에 대한 좋지 못한 태도를 가지고 있으면 이런저런 일들에 대해 늘 불평이 나온다. 그 성도에게는 어떤 조직도, 어떤 행정도, 어떤 사역도 좋게 보이지 않는다. 매사에 트집을 잡고 불평하고 비난한다.

태도와 관련하여 심리학에는 다음과 같은 두 가지 법칙이 있다고 한다. 첫째, 태도는 사실보다 중요하다. 사실보다는 사실에 대한 우리의 태도가 중요하고, 어떤 사건보다 그 사건을 대하는 우리의 태도가 더 중요하다는 것이다. 둘째, 태도는 재주보다 중요하다. 사람은 재주가 있어야 한다. 그러나 재주보다 더 중요한 것이 태도라는 것이다. 그렇게 볼 때 모든 일에 대하여 올바른 태도를 갖는 것은 매우 중요하다. 연구 보고에 의하면 성적이 좋은 사람보다 성격이 좋은 사람이 두 배나 더 성공한다. 나는 세상에 돌아가는 일들이나 매사에 어떤 태도를 가지고 있는가? 건강한 태도를 갖지 못하면 나는 늘 불평하고 비관적인 삶을 살 수밖에 없다.

미국의 유명한 기업인 클레멘트 스톤은 말했다. "이 세상에는 두 종류의 사람이 있다. 적극적 정신 태도를 가진 사람과 소극적 정신 태도를 가진 사람이다. 사회의 승리자와 성공자를 보면 모두 적극적 정신 태도를 가진 사람이다. 그러나 패배자와 낙오자를 보면 모두 소극적 정신 태도를 가진 사람이다. 그렇기에 적극적 정신 태도는 성공의 원리요, 소극적 정신 태도는 패배의 원리이다. 성공하는 자가 되기를 원하는가? 적극적 정신 태도를 가지라. 소극적 정신 태도를 가지면 패배자로 전락한다."

적극적인 태도를 가지면 적극적인 행동을 하지만 소극적인 태도를 가지면 소극적인 행동을 한다. 긍정적인 태도를 가지면 긍정적인 행동을 하지만 부정적인 태도를 가지면 부정적인 행동을 한다. 예수님을 향한 믿음을 가진 소경은 주님의 은혜를 소리 높여 외쳤다. "다윗의 자손 예수여, 나를 불쌍히 여기소서!" 주님이 베푸실 은혜에 대한 믿음의 확신은 적극적인 외침을 가져왔고, 급기야 갈구하던 은혜를 누릴 수 있었다. 형언할 수 없는 감사가 터져 나왔다.

당신은 매사에, 사건이나 환경에 대해, 그리고 사람들에 대해 어떤 태도를 가지고 살아가는가? 매사에 부정적인 시각과 태도를 가지고 살아가는 사람들이 있다. 매사를 비뚤게 본다. 늘 시비조로 문제 제기를 한다. 비판하고 비난하기 일쑤이다. 그러니 감사하는 삶을 살 수가 없다. 감사하는 삶을 살기 원하는가? 먼저 자신의 태도를 바꿔야 한다. 그러면 세상이 달라 보이고 다르게 느껴질 것이다. 태도를 수정하지 않는 한 감사도, 관계도 새롭게 할 수 없다.


## 감사는 길들여진 영적 습관이다


영국의 철학자 데이비드 흄은 자신의 저서 「인간 오성론」에서 "습관은 폭군과 같은 무서운 힘으로 우리를 지배한다. 인간은 습관에 종속된다"라고 말했다. 우리는 다양한 습관으로 만들어진 존재이다. 그래서 습관을 제2의 천성이라고 한다. 어떤 습관을 가지고 있느냐에 따라 우리의 운명이 달라진다.

영국이 낳은 위대한 소설가 찰스 디킨스는 "과거의 불행을 생각하지 말고 지금의 축복을 생각하라"고 말했다. 감사하는 사람들은 생각의 습관이 다르다. 불행한 과거만 생각하는 사람은 늘 불평하면서 산다. 그러나 지금 누리고 있는 축복에 관심을 갖는 사람은 자연히 감사하며 살아간다. 감사하는 삶을 살기 원하는가? 생각의 초점을 조정해야 한다. 우리가 경험하는 모든 것을 평생 은혜의 그늘에서 하나님의 관점으로 해석하기만 하면 감사하지 못할 이유가 없다.

감사하는 사람은 매사를 습관적으로 하나님의 관점에서 긍정적이고 적극적으로 생각한다. 우리가 만나는 사건이나 환경이 우리를 불행하게 만드는 것이 아니다. 그 사건과 환경을 생각하는 사고의 습관과 해석하는 관점이 감사하게 만들기도 하고 불평하도록 만들기도 한다. 자녀가 공부를 안 하고 말썽을 부리면 얼마나 속 터지고 짜증나는가? 그때 하나님이 은혜로 자녀를 주신 것을 감사하고, 그들이 옳은 결정을 하게 도우시도록 간구해야 한다. 평생 은혜의 틀 안에서 늘 긍정적으로 생각해야 한다. 주님이 베푸실 은혜를 알기에 절망과 패배감, 짜증을 버려야 한다. 오히려 감사를 습관화해야 한다.

감사도 일종의 습관이다. 이에 대하여 강준민 목사는 이렇게 말한다. "감사는 습관이다. 감사하면 더욱 감사하게 된다. 감사는 흐름을 만들어내기 때문이다. 감사의 흐름 속으로 들어가면 감사의 흐름을 타게 된다. 감사는 감사를 끌어오고 감사의 환경 속으로 들어가게 한다."

어느 날, 뉴스에서 허리케인에서 살아남은 사람들을 인터뷰했다. 여러 사람들이 경험담을 얘기했다. 대부분은 부정적인 내용이었다. 분노에 차서 다른 사람들과 정부, 하나님을 비판했다. 그런데 한 여인은 뭔가 달랐다. 얼굴에 미소를 담고 기쁨과 평안으로 광채가 나는 듯했다.

의아해서 기자가 그녀에게 물었다.

"어떤 문제를 겪었습니까? 당신은 왜 미소를 띠는 거죠?"

그러자 그녀는 웃으며 대답했다.

"문제는 하나도 없어요. 전 불평하러 나온 게 아니에요. 제가 아직 살아 있음에 감사하러 나왔어요. 내가 건강함을, 아이들이 무사함을 감사합니다."

그 모습에 기자는 할 말을 잃었다. 신선한 충격이었다.

평생 은혜의 레일 위를 걷는 우리는 위대한 언어습관을 개발해야 한다. 「감사의 힘」의 저자 데보라 노빌은 "'사랑해요' 보다 고귀한 말, 그것은 바로 '고마워요' 이다. 더 늦기 전에 그 사람에게 말해보자!"라고 했다. 사람들은 '사랑해요' 라는 말은 잘 훈련한다. 그런데 '고마워요' 라는 말은 그렇게 훈련하지 않는다. '고마워요' 라는 표현을 겁내지 말고 몸에 익숙하게 만들어 체질화시켜야 한다. 내 인생이 새로워지는 것을 발견하게 될 것이다.

세상을 바라보는 시각을 조금만 바꾸어도 삶의 많은 것이 바뀐다. 세상을 바라보는 눈을 조금만 달리해보라. 행복이 넘칠 것이고 감사도 펑펑 솟아날 것이다. 세상에 절대적으로 불행한 상황을 가진 사람은 한 사람도 없다. 단지 상대적인 불행을 느낄 뿐이다. 세상에 모든 조건을 다 구비해놓고 사는 사람이 얼마나 될까? 사실 그런 사람은 한 사람도 없다. 단지 상대적으로 조금 더 갖추고 있을 뿐이고 나은 조건을 가졌을 뿐이다. 나는 어떤가? 상대적으로 불행한 여건을 절대화시켜 그것이 마치 당신 자신을 집어 삼킨 것처럼 착각하고 위로하며 살진 않는가?

영국 속담에 "감사는 과거에 주어지는 것이 아니라 미래를 살찌게 하는 덕행"이라는 말이 있다. 우리의 삶을 과거지향적으로 살지 말아야 한다. 앞을 내다봐야 한다. 그리고 감사해야 한다. 감사야말로 결국 우리가 걸어갈 내일을 밝히는 등불이 될 것이다. 다음의 글을 통해 자신의 생활 태도를 점검해보기 바란다.

감사하는 마음으로 음식을 먹는 사람은 행복한 사람이고,
음식을 타박하며 먹는 사람은 불행한 사람이다.
한쪽 팔을 잃고도 두 다리와 팔 하나가 남아 있음을
감사하는 사람은 행복한 사람이고,
손가락 하나를 잃고 이 세상이 무너진 것처럼
괴로워하는 사람은 불행한 사람이다.
하루하루를 기쁨과 감사로 장식하는 사람은

행복한 사람이고,
하루하루를 원망과 저주로 살아가는 사람은
불행한 사람이다.
바퀴벌레가 아닌 사람으로 태어난 것을
감사하게 생각하는 사람은 행복한 사람이고,
왜 내가 사람으로 태어나 이 고생을 하나 하고
한탄하는 사람은 불행한 사람이다.
작은 것에도 감사하는 사람은 행복한 사람이고,
큰 것에도 불만을 느끼는 사람은 불행한 사람이다.
100평짜리 아파트에 살면서도
서로 눈을 흘기며 사는 사람은 불행한 사람이고,
자그마한 임대 아파트에 살지만
웃으며 사는 사람은 행복한 사람이다.
세상이 아무리 험난해도
살 가치가 있다고 느끼는 사람은 행복한 사람이고,
살아야 할 가치를 못 느끼는 사람은 불행한 사람이다.

우리 주변에는 분명히 감사가 습관으로 형성된 사람이 있는가 하면, 습관적으로 불평하고 불만족스러워하는 사람도 있다. 이스라엘 백성들은 불평이 습관화된 사람들이었다. 그렇다면 나는 과연 어떤 사람인가?

철로 옆에 살면서 기차가 지날 때마다 잠에서 깨어났던 사람이 있다. 그의 뇌리에 기차 소리는 부정적인 정보로 입력되어 있다. 그런데 어느 날인가부터 그는 기차 소리에 대해서 반응할 필요 없는 무의미한 소리라고 스스로 다짐했다. 놀랍게도 며칠 뒤부터 그는 한 번도 깨지 않고 깊은 잠을 잘 수가 있었다. 우리 마음도 이처럼 훈련할 수 있다. 자꾸 불평을 늘어놓는 습성을 버리고, 대신 감사하는 습관을 새로운 삶의 스타일로 바꾸면 된다.

내가 감사 습관을 형성하면 감사의 힘은 내 삶을 보호할 것이다. 감사의 힘은 스트레스와 분노의 파괴적인 위력으로부터 우리를 지켜준다. 감사하는 사람에게는 좋은 일이 생길 수밖에 없다. 감사의 태도가 그들을 지켜주기 때문이다. 감사하는 태도를 지닌 사람에게는 고통스러운 기억이 큰 위협이 되지 못한다. 감사하는 사람은 힘든 기억의 영향을 덜 받는다.

오늘 하루 일어났던 일 중에 감사한 일을 적어보라. 아침밥을 정성스럽게 해주는 아내의 미소, 오늘따라 반갑게 맞아준 경비 아저씨의 아침 인사, 막히지 않고 뚫렸던 도로 상황, 출근길 버스에서 무거운 가방을 들어준 친절한 사람, 지난번보다 더 좋은 성적을 가지고 온 자녀 등. 이렇게 감사한 일들을 노트에 차곡차곡 적다보면 어느새 주위 모든 것에 감사하는 자신을 발견하게 될 것이다. 결국 우리는 감사라는 새로운 습관을 길러 세상을 긍정적인 에너지와 태도로 살아가는 것을 발견하게 될 것이다.

# 바로 오늘 해야 할 일, 감사

미국의 유명한 언론인이자 사상가인 프레드 풀러 세드는 어느 대학 졸업 연설에서 이런 말을 했다.

"여러분들 중에서 톱으로 나무를 켜본 적이 있는 사람은 손들어보세요."

대부분의 학생들이 손을 들었다. 그는 다시 물었다.

"그렇다면 톱으로 톱밥을 켜본 적이 있는 사람은 손들어보세요."

이번에는 한 사람도 손을 들지 않았다. 그럴 리는 없기 때문이다. 이어서 덧붙였다.

"물론 톱으로 톱밥을 켠다는 것은 불가능합니다. 그런데 이 점은 과거도 마찬가집니다. 이미 지나가버린 일을 가지고 마음을 괴롭힌다는 것은 톱으로 톱밥을 켜려는 것과 다름없는 일입니다."

그렇다. 과거에 사로잡혀서 살아가는 사람은 어리석다.

영국의 역사가이자 비평가인 토마스 칼라일은 "오늘을 사랑하라. 오늘에 정성을 쏟으라. 오늘 만나는 사람을 따뜻하게 대하라"고 말한다. 오늘을 간과하고 보람 있는 인생을 살 수 없다. 최선을 다한 사람은 바로 오늘에 집중한다. 내일은 오늘을 통해 만들어진다. 오늘이 없는 내일은 공허한 메아리에 불과하다.

인간의 일생을 세 가지 단계로 나눌 수 있다. 첫째는 준비의 시대요, 둘째는 활동의 시대요, 셋째는 안식의 시대이다. 특히 준비해야 할 시기나 활동하는 시기에 오늘 하루는 매우 중요하다. 그날이 없이는 결코 내일의 안식이 보장될 수 없기 때문이다.

어떤 사람은 늘 완전한 내일을 핑계 삼아 오늘에 충실하지 않는다. 문제가 해결되면, 배우자의 믿음이 좋아지면, 자녀가 학교에 들어가면, 대학을 합격하면, 사업이 잘 돌아가게 되면, 건강이 좀 좋아지면, 생활이 좀 나아지면, 취업을 하고 난 뒤에, 주택 대출금을 다 갚고 나면…. 이런저런 핑곗거리를 찾느라 부산하다. 그러나 그는 결코 '오늘' 아무것도 할 수 없다. 인생은 내일을 향해 가지만 오늘이 아름답고 충실하게 영글어져야 한다.

또 어떤 사람은 늘 입이 나와 있다. 무슨 불만이 그렇게 많은지, 속상한 일과 근심거리를 혼자 다 떠 짊어지고 있는 양. 하나님의 은혜는 멈추지 않았건만 "왜 그렇게 불평불만이 많으냐?"고 물으면 대답은 좋다. "그래도 내일은 달라질 거예요." 그러나 기억할 사실이 있다. 오늘 감사하지 않는 사람은 내일도 감사할 수 없다는 걸, 오늘 만족하지 못하는 사람은 내일도 역시 불만으로 가득하다는 걸. 인생은 '내일을 향한 오늘'로 가꾸어지는 법이다. 무조건 오늘 불평을 멈춰야 한다. 오늘 감사를 되찾아야 한다. 그래야 내일도 감사할 수 있다.

베스트셀러 작가 스펜서 존슨의 저서 「선물」에는 다음과 같은 이야기가 있다.

어떤 소년과 노인이 있었다. 어느 날, 노인은 어린 소년에게 말했다.

"세상에서 가장 귀한 선물을 주겠노라"고.

그러나 노인은 그 선물이 무엇인지를 알려주지 않았다. 소년은 그 선물을 찾기 위해 노력했다. 그런데 선물은 찾지 못한 채 시간만 자꾸 흘렀다.

어느덧 소년은 성장했다. 그는 처리해야 할 일이 너무나 많고 분주했다. 그래서 선물에 대한 이야기를 점차 잊어버렸다. 그러는 와중에 그에게는 마음먹은 대로 되지 않는 인생에 대한 불만이 조금씩 쌓여갔다.

그러던 어느 날, 그는 예전의 선물 이야기를 다시 생각하게 되었다. '혹시나 자신의 인생을 이제라도 바꿀 수 있는 그 선물을 찾을 수만 있다면 얼마나 좋을까?' 그는 그런 기대 속에서 노인을 찾았다.

노인을 만난 그는 오랜 대화를 통해서 선물의 정체를 알게 되었다. 그것이 무엇일까? 그것은 바로 '현재', 즉 '오늘'이라는 시간이었다. 영어로는 선물과 현재가 동일하게 'present'이다. '오늘', '현재'라는 시간이 인생의 행복을 여는 선물이라는 것이다. 현재에 집중하라. 그리고 현재에 충실하라. 그것이 바로 행복의 비결이다.

사탄은 우리가 쌓고 있는 '오늘'을 무너뜨리려고 한다.

"이런 형편에 무슨 봉사를 한다고…."

"더 멀리 뛰기 위해 오늘은 쪼그리고 앉아 있어도 괜찮아. 잘 생각해봐. 오히려 그게 지혜로운 것 아냐?"

사탄은 오늘에 만족하지 못하도록 우리의 생각을 조장한다. 오늘 있는 먹구름을 즐기지 못하도록 우리의 감정을 조종하려 든다. 사탄의 주된 표적은 우리의 비전이나 건강, 재물, 가족이 아니다. 오늘 우리가 누리는 만족에 머무르지 못하게 하는 것이다. 감사하지 못하도록 만드는 것이다.


1890년대 말 대학 야구선수 출신 두 남자가 선교를 위해 케냐 행 비행기에 몸을 실었다. 둘 다 27세였다. 키는 각각 2미터와 198센티미터였다. 첫 번째 해외여행이었기에 흥분을 감출 수가 없었다. 그들은 여러 달 동안 준비기도를 했다.

"하나님의 일을 위해 온전히 사용되도록, 그리고 무사히 사역을 마치도록."

드디어 떠날 때가 되었다. 그런데 케냐 행 비행기를 갈아타기 위해서 런던에 도착할 즈음에 안개가 너무 많이 껴서 비행기는 히스로 공항 상공에서 머물러야 했다. 비행기가 두 시간쯤 제자리를 맴도는 바람에 두 사람은 케냐 행 비행기를 제때 갈아타지 못했다. 다음 비행기를 타려면 8~9시간을 기다려야만 했다. 그들은 매우 실망했고 짜증이 났다.

"하나님, 이해할 수 없습니다. 순조로운 여행을 하게 해달라고 그토록 기도했는데 이러시다니요. 교회 전체가 저희를 위해 기도했습니다. 그런데 벌써부터 삐걱거리면 어떡합니까?"

마침내 다음 비행기를 탔다. 그런데 자리가 없어서 둘은 조종실 바로 뒤에 앉게 되었다. 긴 다리를 쭉 뻗을 수 있는 점은 마음에 들었다. 하지만 얼마쯤 가다가 비행기가 급강하하더니 이내 전속력으로 곤두박질치기 시작했다. 기내의 모든 승객이 소리쳤고, 승무원들은 승객을 안심시키려고 분주하게 뛰어다녔다. '이제는 꼼짝없이 죽었구나!' 하는 생각이 모든 사람을 공포로 몰아넣었다. 험악한 분위기 속에서도 두 남자는 정신을 가다듬고 기도하기 시작했다.

"하나님, 아까는 비행기를 놓치게 하시더니 이제는 아예 비행기가 추락하게 하십니까? 정말 이해가 되지 않습니다. 하지만 어떻게든 저희의 삶을 사용해주세요."

문득 조종실에서 다투는 소리가 들렸다. 그들은 서로를 쳐다보며 말했다.

"가서 무슨 일인지 알아보자. 손해 볼 것 없잖아?"

조종실 문을 열자 2미터 10센티미터가 넘는 미친 거인이 조종사들을 공격하고 있었다. 키가 각각 164센티미터와 173센티미터인 두 조종사는 미친 사람을 저지하려고 필사적이었으나 역부족이었다. 상황을 파악한 두 남자는 미친 사람에게 달려들어 땅에 눕힌 채 밖으로 끌어냈다.

소동이 진정되었을 때 고도는 벌써 4만 피트에서 3만 피트로 떨어진 상태였다. 조종사들이 조종 장치에 다시 앉지 않았더라면 비행기는 곧바로 추락할 뻔했다. 그랬다면 모든 승객이 죽었을 뿐 아니라 지상의 시민들까지 큰 피해를 입었을 것이다. 그때는 몰랐다. 그들이 왜 연착을 해서 이 비행기를 타게 되었고, 또 왜 이 좌석에 앉게 되었는지를⋯. 하나님은 이 비행기에 있는 모든 사람을 구하기 위해 이들을 어려운 상황으로 인도하신 것이다.

내가 알지 못하는 큰 그림을 그리시는 하나님을 신뢰해야 한다. 나를 가장 안전한 곳으로 인도하시는 하나님께 모든 것을 맡기고 살아야 한다. 오늘 나에게 선물로 주시는 모든 상황을 감사함으로 받아들여야 한다. 그 일을 최선을 다해 섬겨야 한다. 그러면 하나님은 나를 기쁨으로 사용하실 것이다. 오늘에 만족할 수 있어야 한다. 그러나 안일하게 정체된 삶을 살지는 말아야 한다. 내일을 향해 달려야 한다. 오늘 바로 이 순간에 감사한 마음으로.

## 06. 받은 은혜를 생각하면 감사할 수 있다

때로는 내 인생의 일기장에 구름 한 점 없이 맑은 날도 있지만 먹구름이 잔뜩 낀 흐린 날도 있다. 반갑게 환영하고 싶지는 않지만, 그러나 평생 은혜를 확인하는 사람은 고백할 수 있다.

"그래도 100% 하나님이 옳습니다!"

어느 목회자의 경험이다. 어느 해, 한 자매가 자신이 섬기는 교회공동체의 일원이 되었다고 한다. 그 자매는 어릴 때 친정어머니를 따라 교회에 다니곤 했는데, 이런저런 이유로 한동안 주님의 품을 떠났다고 한다. 그런데 고난 중에 다시 하나님을 찾게 되었다. 갑상선암이라는 진단을 받은 것이다. 목사님은 어떤 위로의 말을 전할까? 고민하고 있는데, 자매가 먼저 말을 꺼냈다.

"이번 일을 통해 하나님이 저를 사랑하신다는 것을 확실히 알게 됐어요."

목사님은 도무지 믿기지 않는 반응에 놀라 그녀의 얼굴을 바라보았다. 그러자 그녀는 말을 이었다.

"자식도 그저 놓아두면 잘 자라는 녀석이 있는가 하면 품에 안고 일일이 보듬어주고 세세히 알려줘야 하는 녀석도 있잖아요. 제가 그런 것 같아요. 날마다 갑상선 약을 먹으면서 하나님의 사랑과 지키심을 깨달으라는 100% 옳으신 하나님의 사랑이 느껴집니다."

내가 처한 환경의 문제가 아니다. 사실 문제는 나의 마음과 영혼의 상태이다. 하나님이 절대주권자이시고 전지전능하신 분이 분명하다면 나에게 행하시는 모든 일이 다 옳다. 내가 하나님보다 더 지혜롭다고 하는 것, 내가 하나님보다 더 완벽하려는 게 문제이다. 평생 은혜로 살아가는 성도는 어떤 상황과 문제 앞에서도 날마다 절대 감사로 반응한다. 감사를 고백하는 그 자리에서 하나님을 경험하게 되니까. "고난당한 것이 내게 유익이라. 이로 말미암아 내가 주의 율례들을 배우게 되었나이다"(시 119:71).


## 다시 한번 구원의 은혜를 생각해보라

세상에는 좋은 것이 많다. 우리를 만족스럽게 할 수 있는 것이 너무 많다. 돈, 권력, 명예, 건강, 능력, 승진 등. 사람들은 이것을 붙잡기 위해 밤잠을 설치면서 동분서주한다. 건강을 잃고 관계를 잃으면서까지. 이것들을 차지해서 행복을 얻으려고. 그런데 이것을 다 누린다고 할지라도 정말로 놓치면 불행한 것이 있다. 그것은 영혼의 만족감, 이 세상 너머 저 세상에서의 삶이다. 그것을 구원이라고 표현해도 좋고, 영생이라고 말해도 좋으며, 천국이라고 표현해도 좋다. 이것을 놓치고 "나는 만족하다"라고 말하는 것은 어리석은 짓이다.

국립 경상대학교 축산학과 교수인 주선태 교수가 쓴 「아름다운 시작」이라는 책이 있다. 이 책은 그의 간증을 담은 저서다. 그는 칠성님을 섬기고 점쟁이를 찾아다니며 미신을 신봉하던 무녀의 아들로 태어났다. 그런데 그가 어떻게 예수를 믿게 되었냐고? 그는 효자였다. 그래서 늘 어머니의 유언을 간직하며 살았다. 어머니는 세 가지 유언을 하셨다.

"정치하지 말라. 개고기 먹지 말라. 예수 믿지 말라."

언젠가 주 교수가 안식년을 맞아 미국 코네티컷대학에 객원교수로 가게 되었다. 처음 6개월 동안은 열심히 연구도 하고, 가족과 여행도 다니며, 주변사람들과 골프를 치는 등 여유로운 생활을 보냈다. 그런데 일요일이면 어린 딸 소영이가 집에 있는 것을 너무 심심해했다. 그래서 딸만은 옆집의 집사님이 교회에 데리고 가도록 허락했다. 딸 걱정을 안 하고 골프를 칠 수 있다는 장점도 있었기에. 그러나 자신만은 결코 교회에 나가지 않겠노라고 굳게 다짐했다.

크리스마스를 앞둔 어느 주일이었다. 교인들이 소영이가 "아빠가 없는 아이인줄 안다"는 말에 쇼크를 받았다. 그래서 난생 처음 교회에 나가게 되었다. 난생 처음 설교도 들었다. 그는 설교를 듣는 중에 눈물을 흘리게 되었고, 그 다음부터는 자기 발로 교회에 나가게 되었다.

그가 예수님을 믿고 첫 어려움이 찾아왔다. 어머니의 제삿날이었다. 그렇지 않아도 어머니의 유언을 어겼다는 자책감을 안고 교회에 나가고 있었는데, 어머니의 제삿날을 어찌할 것인지 걱정이었다. 생각다 못해 그는 제사상을 차려놓고 딸 소영이를 옆에 앉히고 이렇게 기도했다.

"하나님, 처음으로 목소리를 내 기도드립니다. 왜 제가 이렇게 기도드리는지 다 아시죠? 지금부터 엄마 제사를 지낼 겁니다. 다 아시겠지만 노파심에 다시 한번 말씀드립니다. 이것은 하나님이 질투하실 그런 우상이 아닙니다. 엄마하고 지낸 시간들을 추억하기 위한 우리의 방법입니다."

이렇게 첫 기도를 드린 그는 딸 소영이가 할머니께 절하는 의식을 마치고 2층으로 가는 것을 본 후, 제사상 앞에서 어머니와 단둘이 앉아 엄마에게 영혼의 고백을 토해내기 시작했다. 책에 있는 내용을 그대로 인용하면 이렇다.

"자정 무렵 엄마와 단둘이 앉았다. 한동안 말을 못하고 있었다. 눈물이 줄줄 흘러 나왔다. 그냥 울기만 했다. 그러다가 말문을 열었다. 엄마! 엄마가 틀렸어. 이때까지 나, 엄마 말 잘 들었지. 나, 엄마의 멋진 아들이었지. 그니까 이번엔 내 말대로 해. 엄마, 내가 엄마보다 똑똑하고, 더 많이 배웠지? 엄마보다 더 현명하게 살라고 그렇게 힘들게 나 가르쳤잖아. 그래서 엄마 아들, 박사되고 교수됐잖아. 이제 엄마보다 똑똑한 아들 말 들어.

엄마가 잘못 알았어. 엄마, 우리 집에서 굿할 때 창피하게 동네 사람들 다 쳐다보는데, 내게 무당이 시키는 대로 이리 절하고 저리 절하라고 했지. 나 그때 왜 엄마가 시키는 대로 절했는지 알아? 엄마가 원하니까. 대학생 아들이 엄마가 시키면 창피한 것도 무릅쓰고 다 한다고 그만큼 효자라고 으쓱대는 엄마 모습 보고 싶어서. 그래서 무당이 시키는 대로 나 다했어.

경동시장에서 사온 자라가 들어 있는 물통을 들고 학생들에게 자리 양보받아가며 몇 번씩 버스 갈아타며 그렇게 대성리 팔당댐으로 방생 다니는 엄마가 안쓰러워, 엄마 모시고 나도 많이 따라 다녔잖아. 강물 속으로 들어가는 자라를 보면서 두 손 모으고 허리 숙여 절하라고 하면 나 그렇게 했잖아. 엄마가 좋아하니까.

이제 엄마 차례야. 엄마의 그 잘난 아들이 하나님에게 선택되었어. 엄마가 그렇게 싫어했던 예수쟁이가 되고 싶어. 엄마가 그랬지. 이런 것은 인력으로 어쩔 수 없는 거라고. 어쩌면 좋을까? 엄마 버려두고 나만 혼자 하나님에게 갈까? 엄마가 믿었던 미신들 다 버리고 나랑 같이 교회 가면 안될까? 그동안 아무 생각 없이 엄마가 좋아하니까 내가 엄마 쫓아갔듯이, 이제 엄마가 엄마의 똑똑한 아들, 교수 아들 쫓아오면 안 될까? 엄마 같이 가자. 응? 교회에 하나님 만나러 가자. 응?"

인간이 받아야 할 선물도 많지만 구원을 받는 것만큼 소중하고 감사한 일은 없다. 어둠의 권세와 나라에서 하나님 아들의 나라로 옮김을 받는 것이 얼마나 감사한 일인가? 신분이 바뀌고 거할 영역이 달리지는 게 얼마나 행복한 일인가?

구원의 은혜를 경험한 하박국 선지자는 구원의 감사를 이렇게 고백했다. "비록 무화과나무가 무성하지 못하며 포도나무에 열매가 없으며 감람나무에 소출이 없으며 밭에 먹을 것이 없으며 우리에 양이 없으며 외양간에 소가 없을지라도 나는 여호와로 말미암아 즐거워하며 나의 구원의 하나님으로 말미암아 기뻐하리로다. 주 여호와는 나의 힘이시라. 나의 발을 사슴과 같게 하사 나를 나의 높은 곳으로 다니게 하시리로다. 이 노래는 지휘하는 사람을 위하여 내 수금에 맞춘 것이니라"(합 3:17-19).

# 갈 길을 인도하시니 감사할 수 있다

우리는 때때로 아찔할 정도로 위험한 상황에 부딪힐 때가 있다. 인생은 살얼음판을 걷는 것과 같다. 알고 보면 살아가는 순간순간이 아슬아슬하다. 우리는 그때마다 우리의 발걸음을 인도하시는 하나님을 경험하게 된다. "사람이 마음으로 자기의 길을 계획할지라도 그의 걸음을 인도하시는 이는 여호와시니라"(잠 16:9). 그리스도인은 하나님의 인도하심에 대한 확신을 가졌기에 평안한 삶을 살아간다. 인생에서 험난한 고비가 없는 건 아니지만 평생 은혜를 베푸시는 하나님이 살아계시니까.

어느 권사님은 아들을 인도해주신 너무나 크신 하나님의 은혜를 경험했다. 어느 해 4월 5일에 전경으로 복무하던 아들이 3박 4일 휴가를 나올 예정이었다. 그런데 갑자기 5일이나 일찍 3월 31일에 나왔다. 그러고는 평소 따라 다리던 코골이를 수술할 수 있게 예약해달라는 것이었다. 31일 월요일에 휴가 나온 아들은 간단한 시술을 마치고 집으로 왔다.

그런데 권사님이 외출했다가 저녁에 돌아와 보니 아들이 없었다. 시간이 많이 지났는데도 아들이 돌아오지 않았다. 아들을 기다리는 중에 병원에서 연락이 왔다. 아들이 다리에 힘이 풀려 걷지 못하여 119 구급차로 병원에 실려 왔다는 것이다.

"치료를 받은 놈이 어딜 갔다가 이런 일을 당해?"

걱정도 되고 화가 나서 급하게 병원으로 달려갔다. 아들이 엄마를 보더니 말했다.

"엄마, 나 집에 데리고 가줘. 자고 나서 내일 아침이 되면 괜찮아질 거야. 전에도 가끔 이런 일이 있었는데 괜찮아졌어."

그 말을 들은 간호사는 버럭 화를 냈다.

"무슨 소리를 합니까!"

그러면서 구급차로 실려 왔을 때 혈압이 190이 넘어 응급조치를 했으며, CT를 찍은 결과 머리에 이상은 없었지만 지금 병원에서 나가는 것은 위험하다는 것이었다.

입원 수속을 마치고 입원실로 왔다. 아들은 온몸을 꼼짝하지 못했다. 몸을 잠시도 가만히 있지 못하고 이리저리로 움직여 달라고 요구했다.

권사님은 아들에게 기도하자고 했다.

"네가 할 수 있는 게 하나도 없지?"

"응, 엄마. 내가 할 수 있는 게 하나도 없어."

그래서 권사님이 "하나님께 너의 모든 것을 다 맡기라"고 하자, 아들은 "하나님께서 고난을 통해서 날 훈련시키시나 봐"라고 대답했다. 그렇게 모자는 밤새도록 뜬 눈으로 밤을 지냈다. 아들은 고통 때문에, 엄마는 안타까움 때문에. 새벽 4시 20분이 되기만을 기다리면서.

"내가 일어나는 시간이니 목사님도 그 시간이면 일어나시겠지?"

잠시 후, 목사님께 전화를 드려서 "새벽 기도회에서 합심기도를 해달라"고 부탁드렸다. 하나님은 새벽 5시 25분경 아들에게 잠을 허락하셨다. 정확히 그 시간이 말씀이 끝나고 기도회가 시작되는 시간이었다. 할렐루야! 하나님께서는 모든 성도가 합심해서 기도할 때 놀랍게 역사해주셔서 고통 가운데 뒤척이며 잠 못 드는 아들에게 평안한 잠을 주셨다. 잠이 든 아들을 보면서 권사님은 하나님께 한없는 감사를 드렸다. 하나님은 연약한 지체를 위해 합심기도하는 일을 기뻐하심을 다시 한번 체험하게 하셨다.

오전 9시가 되어 담당의사가 왔다. 피검사를 한 후 "칼륨이 부족해서 마비 증세가 왔고, 지체하면 심장마비로 위험하니 빨리 중환자실로 옮겨서 집중 치료하자"고 말씀하셨다. 그때 마침 밤샘 작업을 하고 직장에서 퇴근한 남편이 중환자실에 들어가 산소 호흡기를 한 아들을 보더니 울기 시작했다. 그런 아버지를 보고 아들도 울었다. 아버지는 눈물을 닦고, 이어 아들의 눈물도 닦아주던 권사님은 생각했다. '밤새 나와 아들은 하나님의 뜻을 생각하며 기도했는데 믿음이 없는 남편은 아들을 보자마자 마음에 걱정부터 하는구나.'

그러니 하나님 안에서 사는 우리가 얼마나 행복한가? 어려움 속에서도 하나님께서 주시는 평강을 누릴 수 있음을 감사하지 않을 수 없다.

중환자실이기 때문에 12시 30분에 다시 면회 오기로 하고 집으로 갔다. 다시 와서 보니 움직이지도 못하던 아들이 회복되어 앉아서 웃고 있었다. 아들은 말했다.

"엄마, 오후에 올 때 신앙 서적 좀 갖다 줘."

언제 아팠었느냐는 듯이. 만약 부대에 있었다면 '괜찮을 것이다'라고 생각하면서 마냥 참다가 어쩌면 더 큰일을 당했을 수도 있었을 것이다. 그런데 갑자기 5일 전에 나와서 하나님은 어려움을 잘 넘길 수 있게 하신 것이다.

때때로 우리는 하나님이 하시는 일을 눈치 채지 못해서 의아해한다. 그런데 하나님은 세밀하셔서 그 자녀들이 하는 모든 일에 관심을 가지신다. 필요한 때에 그들의 발걸음을 인도하신다. 자녀들의 필요를 도우신다. 하나님의 손길을 경험할 때마다 우리는 감사한다. 때로는 하나님의 도움과 인도의 손길이 느껴지지 않는 때도 있다. 그것은 하나님께서 인도하시는 방법이 우리의 의도와 기대와는 다르게 나타나기 때문이다. 그래서 우리는 하나님이 내 편이라고 하는 사실을 느끼지 못한다. 하나님은 그때도 나와 함께하신다. 단지 나와는 다르게 일하실 뿐이다. 그렇기에 그때도 여전히 감사해야 한다. 감사는 하나님의 명령이기 때문에.

# 간구는 치유의 은혜를 경험하게 한다

미국의 의학박사인 존 헨리는 "감사는 최고의 항암제이자 해독제요 방부제다"라고 말했다. 인생의 질병과 부작용을 막기 위해 감사만큼 훌륭한 치료제가 있을까? 생로병사(生老病死)는 모든 사람의 친구이다. 그럴지라도 부담스럽고 피하고 싶은 존재는 분명하다. 사실 하나님의 원래 디자인에 속한 것도 아니다. 그러니 생로병사를 바라보며 '감사하라!'고 말하는 것은 억지처럼 느껴진다. 믿음의 사람은 생로병사를 받아들이고 대하는 태도가 다르다. 그 속에서도 감사를 잃지 않는다. 그런데 더 감격스러운 감사는 죽음을 예고하는 질병 앞에서 치유받음으로 드리는 감사일 것이다. 황소를 드려도 아깝지 않은 감사 말이다.

예능교회에 임복기 집사란 분이 계신다. 그는 건설업에 종사하였고, 그의 아내 김석옥 집사는 환경 전문업체에 다녔다. 그런데 그는 50대 초반에 인생 최대의 위기를 만났다. 2002년 10월에 임복기 집사가 뇌암 진단을 받은 것이다. 그래서 서초동 집을 정리하고, 공기 맑고 물 좋은 경기도 광주 퇴촌으로 이사했다. 그리고 매일 현미 잡곡을 먹고 식이요법으로 암을 다스리려고 했다.

5년 후 2007년 10월에 다시 정밀검사를 받았다. 그런데 청천벽력 같은 결과를 통보받았다.

"앞으로 6개월 남았습니다. 수술하시면 1년 6개월을 더 사실 수 있습니다."

5년에 걸친 정성스러운 투병생활이 한순간에 수포로 돌아가는 허탈한 순간이었다. 사망 선고를 받은 뒤였는데 아내가 남편에게 말했다.

"한 점 허물도 없으신 예수님도 33세까지 살았어요. 우리 인간이 더 살 자격 없어. 많이 살았잖아요."

결국 부부는 진단결과를 받아들이고 입원해서 항암치료와 수술을 계획했다. 그런데 기적이 일어났다. 어제까지만 해도 침대에 누운 채 손발을 움직이지도 못했던 환자가 복도를 걷고 있었다. 그의 아내는 고백했다.

"암 병동 사람들은 그날 아침 기적을 본 것처럼 소스라치게 놀랐다"고.

기적은 이날 새벽에 일어났다. 병상에 누워 있던 남편이 갑자기 소리를 질렀다.

"오른쪽 다리가 뜨거워! 벌떼가 내 다리를 쏘아. 다리를 잘라줘! 아, 아, 이제 인두로 내 다리를 지져. 다리를 잘라줘!"

남편의 고함소리에 아내는 잠에서 깼다.

그 순간 아내는 출애굽기에 나오는 벌 떼, 메뚜기의 영상을 떠올리게 되었다. 부부는 성령의 강한 임재를 느끼게 되었고, 모든 것을 하나님께 맡기는 기도를 드렸다. 기도 후 남편은 잠이 들었고 잠시 후에 깨어났다. 그때부터 걷기 시작했다. 커다란 종양이 뇌에 있는데도 마비가 풀리고 자유롭게 되었다. 의학적으로는 설명할 수 없는 일이라고 했다.

퇴원한 후 남편의 회복속도는 더 빨리 진행되었다. 처음에는 절뚝절뚝 걷다가 서서히 발을 차례대로 내디뎠다. 팔과 다리도 자연스럽게 움직이고 있었다. 할렐루야! 이런 큰 기적 앞에서 감사하지 않을 수 있겠는가?

그들은 믿음과 생각, 삶의 태도가 남달랐다. 부부는 2002년부터 항상 감사기도를 드려왔다.

"46년 넘게 병간호를 하지 않다가 이제 병간호하게 해주셔서 감사합니다. 아들이 군대에 가 있고, 딸은 혼자 고시공부 중이어서 남편의 아픈 모습을 자식들에게 보여주지 않게 해주셔서 감사합니다. 이렇게 아름다운 곳에서 좋은 공기와 맑은 물을 마시며 살 수 있게 해주셔서 감사합니다."

이들 부부는 평생 은혜의 비밀을 알고 있기에 고통조차 하나님의 섭리로 받아들이는 데 어려움이 없었다.

"하나님은 초자연적인 현상을 통해 실존을 보여주시기도 합니다. 많은 기독교인이 자신의 욕심을 채우기 위해 '주여, 주여!' 부르짖습니다. 주님은 '구할 것을 감사함으로 하나님께 아뢸 때'(빌 4:6) 그 기도를 기뻐하신다고 했습니다. 고통조차도 감사히 여기는 자녀에게 더 큰 은총을 주시지 않을까요?"

하나님의 놀라운 기적을 체험한 이들 부부는 이제 새로운 계획을 세웠다. 살아 있는 동안 매년 10명을 전도하겠다는 계획이다.

"새해에도 하나님이 기적의 증거로 저를 사용하신다면 열 명을 전도하겠습니다!"

평생 은혜로 살아가는 인생이지만 때때로 질병에 시달리기도 한다. 그때 영적인 사람은 히스기야 왕처럼 기도한다. 비록 하나님의 사형선고가 떨어졌지만 벽을 향해 앉았다. 그리고 성전을 향해 기도했다. 결국 히스기야 왕은 15년의 생명을 연장받았다.

병든 자의 기도는 하나님께서 치유하는 은혜를 가져오기도 한다. 이러한 일이 지금도 평생 은혜 속에 절대 감사의 신앙을 갖고 살아가는 그리스도인에게서 계속 경험되어진다. 소망 없던 병자가 치유를 경험한다. 그래서 하나님 앞에 감사드릴 뿐만 아니라 남은 인생을 의미 있는 삶으로 전환한다.


## 다른 응답을 주서도 감사할 수 있는가?


평생 은혜를 베푸시는 하나님은 자기 백성이 드리는 기도에 응답하겠다고 약속하셨다. 기도 응답을 받았을 때 얼마나 감사한지 모른다. 잃은 건강을 회복하고, 잃은 직장을 다시 구하고, 꼬인

관계가 회복되는 등 기도 응답은 기쁘고 행복한 일이다. 그러나 하나님은 우리가 구하는 대로 응답하시는 분은 아니다.

열여섯 살 때 다이빙을 하다가 목이 부러져서 전신을 쓸 수 없는 비극을 맞은 조니 에릭슨 타다, 그는 하나님 앞에 기도하면서 재활 치료를 위해 혼신을 다했다. 그러나 좀처럼 진전이 없었다. 조니는 앞으로 어떻게 될 것인지가 궁금했다.

"전 양손을 쓰려고 무척 애를 썼어요. 하지만 지금은 손을 다시 쓸 수 있을까 하는 의심이 들어요!"

의사 선생님은 조니에게 솔직하게 말해주었다.

"못쓴단다, 조니야. 다시는 양손을 쓸 수 없어!"

그 말은 조니가 정말 듣고 싶지 않은 말이었고, 기도 응답도 아니었다. 자신이 영원한 전신 마비로 살아야 하다니, 영원히 남의 도움을 받으며 무력하게 살아야 하다니, 정말로 인정하고 싶지 않은 말이었다. 하나님은 그녀의 기도에 응답해주지 않으셨다. 양손을 돌려주지도 않으셨다.

이럴 때 당신 같으면 어떻게 하겠는가? 만약 우리가 원하는 대로 하나님이 응답하셔야 한다면 하나님은 인간이 마음대로 부려먹을 수 있는 '종'인 셈이다. 하나님은 자기의 기쁘신 뜻대로 응답하실 뿐이다. 문제는 여기에 있다. "하나님께서 우리가 원하는 것을 주시지 않고 다른 것을 주실 때 어떻게 반응할 것인가? 그때도 감사할 수 있는가?" 하는 점이다.

어느 연세 드신 목사님 부부의 간증이다. 이들 부부에게는 불치병을 앓고 있는 딸이 하나 있었다. 바쁜 목회생활 중에도 정성껏 병수발을 들면서 희망을 잃지 않고 기도하고 있었다. '우리가 기도하면 하나님께서 언젠간 고쳐주시겠지'라는 확신을 가지고 기도했다.

그런데 어느 날 아침, 사랑하는 딸이 하나님 곁으로 가고 말았다. 목사님 부부는 허탈해졌다. 그때부터 모든 기도의 끈을 놓아버렸다. 갑작스레 회의적인 생각이 들었다.

'그동안 내가 했던 게 뭔가? 그렇게 애절하게 기도했는데 응답도 안 해주시고 하나님이 나를 정말 사랑한다면 그러실 수가 있단 말인가!'

우리는 어떤가? 오랫동안 기도했는데 하나님이 기도에 응답해주시지 않아서 속상하지 않은가? 여기서 기억해야 할 사실이 있다. 우리에게 기도 응답은 다르게 올 수 있다는 점이다. 하나는 우리가 구한대로 응답이 올 수 있다. 다른 하나의 응답 방법은 우리가 구하는 것을 주시지 않고 오히려 우리의 마음을 바꾸시는 것이다.

그런데 우리는 자주 이것을 잊고 산다. 내가 원하는 그것을 달라고만 매달린다. 주님은 우리가 마음을 바꾸기 원하실 수 있다. 그렇게만 되면 때로는 안 고쳐주셔도 좋다. 이대로가 좋다. 왜냐하면 그것이 바로 하나님의 응답이니까. 다른 것으로 응답하셔도 감사할 수 있다. 하나님의 응답은 어떤 것이든 나에게 최고의 선물이라는 확신이 있으니까.

그렇다면 노 목사님 부부는 어땠을까? 하나님은 목사님 부부에게 분명히 응답해주셨다. 속상해서 원망스럽던 마음, 급기야 입이 한 발 나와서 자포자기해 있던 그들의 마음을 어루만져주셨다. 아팠던 마음이 치유되기 시작했다. 하나님의 위로를 경험할 수 있었다. 불평도 사라지기 시작했다. 마음에 평안과 기쁨이 밀려오기 시작했다. 드디어 그들은 이렇게 고백할 수 있게 되었다.

"우리 딸이 병으로 고생만 하다가 이제는 천국에 있습니다. 그래서 감사가 밀려오는데 주체할 수가 없었습니다."

그들은 자신들이 구하는 대로 응답받지는 못했다. 그런데 어느 날, 하나님은 그들의 마음과 생각을 바꾸어주셨다. 이것이 바로 당신이 상상하기 어려운 기도 응답이다.

그렇기에 우리는 때때로 내가 원하지 않는 것을 주시는 하나님께 감사하고, 내가 알지 못하는 일을 이루실 하나님을 찬양하게 된다. 내가 아는 대로만 이루신다면 식상할 수도 있을 것이다. 하나님은 내가 원하는 것을 응답하지 않고, 다른 것을 응답하심으로써 내가 알지 못하는 하나님의 위대하신 일을 이루실 때가 있다. 아마 이런 때는 시간이 흐른 후에야 뒤늦은 감사를 하게 될 것이다. 그러나 평생 은혜를 확신하고 믿음으로 주님을 견고하게 신뢰하는 사람은 다른 것으로 응답하시는 하나님을 발견하는 바로 그 순간, 즉시 하나님께 감사를 드릴 것이다. 바로 당신처럼.

# 용서받고, 또 용서할 수 있음에

나는 십자가를 묵상할 때마다 감사한다. 왜? 도저히 용서받을 수 없는 죄인인 내가 용서받은 것을 아니까 감사하고 행복하다. 죄수의 신분으로 쇠창살 안에서 죽음을 기다리고 있던 사형수에게 예상치도 않게 사면이 주어진다면 그는 온 세상을 다 가진 느낌 그 이상일 것이다.

대학시절이었다. 대학마다 한창 데모를 하던 시절이었다. 그 당시 내가 다니던 학교에 전국에 있는 대학생들이 모여서 대대적인 데모를 벌였다. 그때 나는 강의실에서 수업을 받고 있었다. 수업을 도저히 진행할 수 없어서 도중에 마치고 강의실을 빠져나왔는데, 전경들에게 붙잡혔다. 데모하는 학생으로 오해받아 성동구치소에 3일간 수감되었다. 얼마나 답답하던지, 그리고 얼마나 억울하던지, 얼마나 인간 이하의 취급을 하던지. 생각해보면 지금도 다시 가고 싶지 않은 곳이다. 3일이 지나 해질 무렵에 석방시켜주었다. 얼마나 기쁘고 감격스러웠던지. 사실 당연히 나와야 할 길을 나온 것인데도 그렇게 기뻤다. 그런데 죽어야 마땅하고 용서받지 못할 사람이 사면을 받았다면 얼마나 감사할까?

용서가 아름답고 좋은 것이긴 하지만 사실 용서하기란 쉬운 일이 아니다. 네덜란드에서 태어나 나치 독일의 치하에서 수용소생활을 했던 코리 텐 붐 여사가 있다. 치욕스럽고 고통스럽던 수용소생활을 견딘다는 것은 결코 쉬운 일이 아니었다. 드디어 전쟁이 끝났다. 전쟁 후 많은 사람이 독일인에 대한 적의와 증오의 목소리를 높였다. 그때 코리 텐 붐 여사는 그리스도의 사랑과 용서를 호소했다.

그러던 어느 날 한 독일인이 코리 텐 붐 여사를 찾아왔다. 그 독일인은 악수를 청하며 말했다.

"저희가 저지른 죄를 용서하신다는 말씀이 얼마나 감사한지 모릅니다."

그런데 코리 텐 붐 여사는 그 사람의 손을 결코 붙잡을 수가 없다. 그 사람은 코리 텐 붐 여사가 라벤스부르크의 강제수용소에 있을 때 그곳을 관리하던 독일 군인이었기 때문이다. 게다가 그 사람은 독일 병사 중에서 가장 잔인한 군인이었다는 사실이 기억났기 때문에.

후에 코리 텐 붐 여사는 그 순간을 이렇게 회상했다.

"제가 용서해야 할 사람이 어떤 사람인지 생각하는 순간 저는 도저히 그 사람을 용서할 수 없다고 생각했습니다."

그러나 코리 텐 붐 여사는 주머니에서 복음이 기록된 작은 책자를 꺼내 상대방의 손에 쥐어주었다.

용서란 화려하고 아름다운 말이지만 사실 자신의 일이 될 때는 이다지도 어렵다. 어쩌면 시련의 순간보다 그 시련을 가져다주었던 사람을 용서하는 순간이 더 힘들지도 모른다. 용서는 감정이 아니라 의지적 결단이다. 의지적으로라도 결단해야 한다. 용서야말로 하나님의 뜻이요 명령이기 때문이다. 아직 용서하지 못한 이들이 있다면 주님의 사랑과 용서를 기억하며 주님 안에서 용서해야 한다.

그렇다면 용서란 도대체 무엇인가? 성경적으로 말하자면 보복할 권리를 하나님께 맡기는 것이다. 자신의 마음속에 있는 보복하고 싶은, 앙갚음하고 싶은 마음을 모두 하나님께 맡겨버리는 일이다. 그런데 어떤 이는 용서를 더 적극적으로 설명한다. 용서는 "그 일에 대해 감사하는 것"이라고. 우리는 용서를 그 일을 잊어버리는 것 정도로 생각한다. 형식적으로 화해하는 것 정도로 치부한다. 그 일을 그저 덮어두는 것 정도로 여긴다.

그러나 용서는 이런 정도의 수동적인 개념이 아니다. 용서란 이보다 훨씬 더 적극적이고 주도적인 용어이다. 나를 괴롭힌 사람에게 "용서합니다"라고 말하는 것은 그에게 "당신을 잊겠습니다"라는 말도, "당신이 한 행동을 잊어주겠습니다"라는 것도 아니다. 폭탄 같은 말이지만 "당신이 내 삶의 이야기 속에 한부분이 되어주었음에 적극적으로 감사합니다"라고 하는 것이다. 평생 은혜로 살아온 인생이기에, 모든 것을 하나님이 허락하신 것임을 알기에 순간의 고통도 잊을 수 없을 것만 같던 상처도 용서한다고 말할 수 있는 것이 아닐까?

두 사람이 사막을 여행 중에 문제가 생겨 다투게 되었다. 한 사람이 다른 사람의 뺨을 때렸다. 뺨을 맞은 사람은 기분이 나빴지만 아무 말도 하지 않고 모래에 이렇게 적었다.

"오늘 나의 가장 친한 친구가 나의 뺨을 때렸다."

그리고 그들은 아무 말 없이 오아시스가 나올 때까지 걸었다. 마침내 오아시스에 도착한 두 사람은 그곳에서 목욕을 하기로 했다. 뺨을 맞았던 사람이 목욕하러 들어가다 늪에 빠지게 되었다. 그때 뺨을 때렸던 친구가 그를 구해주었다. 늪에서 빠져 나온 친구가 이번에는 돌에다 이렇게 썼다.

"오늘 나의 가장 친한 친구가 나의 생명을 구해주었다."

그를 때렸고, 늪에서 구해준 친구가 의아해서 물었다.

"내가 너를 때렸을 때는 모래에다가 적었는데, 왜 너를 구해준 후에는 돌에다가 적었지?"

친구는 대답했다.

"누군가가 우리를 괴롭혔을 때 우리는 모래에 그 사실을 적어야 해. 용서의 바람이 불어와 그것을 지워버릴 수 있도록…. 그러나 누군가가 우리에게 좋은 일을 하였을 때 우리는 그 사실을 돌에 기록해야 해. 그래야 바람이 불어와도 영원히 지워지지 않을 테니까."


우리 속담에 "원수는 물에 새기고 은혜는 돌에 새기라"는 말이 있다. 이 말은 절대적으로 맞는 말이다. 그런데 우리는 그것을 거꾸로 풀이할 때가 잦다. 잊어서는 안 될 소중한 은혜는 물에 새겨 금방 잊어버리고, 마음에서 빨리 지워버려야 할 원수는 돌에 새겨서 두고 오래오래 기억한다. 마음에 새겨야 할 것을 새기면 두고두고 감사가 나온다. 그러나 상처와 아픔의 기억을 새기면 평생 불평불만이 나오게 된다. 상처의 노예가 되어.

용서는 어렵기는 하지만 아름답고 위대한 일이다. 하나님의 마음을 실천하는 것이요, 예수님을 닮아가는 삶이다. 평생 은혜를 받은 존재, 한없는 용서를 받은 존재이면서도 정작 용서하지 못하고 끙끙 앓는 것보다 더 불행한 일은 없다. 용서받지 못할 자가 받은 용서를 생각하며 다른 사람을 용서하고 감사하며 살아가는 낙천적인 태도가 상대방보다 자신을 위한 유익한 선택임을 잊지 말아야 한다. 이타적인 행동이 궁극적으로 자신의 행복을 위해서 긴요하니까.

## 07. 주신 비전과 사명은 감사로 이끈다

언젠가 이용준 전도사에 대한 〈국민일보〉 기사를 보았다. "끝까지 주님만 바라본 '담대한 죽음'"이라는 타이틀 기사였다.

어느 날, 기침이 너무 심해서 병원을 찾았다. 병원에서 CT촬영을 했다. 진단결과는 잔인했다.

"담도암 4기입니다. 암은 폐와 뼈까지 전이됐습니다."

아내와 두 자녀를 둔 38세의 가장에게는 그야말로 청천벽력 같은 결과였다. 그는 하나님의 일을 하겠다고 장신대학교 신학과에 입학했다. 졸업 후에는 기독교포털 갓피플에서 기독교 음반담당자로 10년 넘게 헌신했다. 그런데 암이라니? 하나님께서 왜 이런 시련을 주시는 것인가? 정말 받아들이고 싶지 않은 현실이었다. 하나님을 원망하고 세상을 한탄할 만했다.

　그러나 그는 달랐다. 그가 하나님 앞에 신실한 자임을 그가 남긴 페이스북의 투병일기를 보면 알 수 있었다. 암 진단을 받은 직후인 2015년 11월 4일부터 그는 페이스북에 투병일기를 적어나갔다. 그런데 원망이나 억울함을 토로하는 내용은 전혀 찾아볼 수가 없었다. 오히려 지난 삶을 회개하는 글이 더 많았다. 감사와 기도를 통해 병마와 싸운 과정을 소개하면 이렇다.

　"담도암 12일째, 이 시기를 주님이 주신 새 삶이라 생각합니다. 오늘의 필요만을 주님께 구하여 연명하고 있음을 고백합니다"(2015년 11월 16일).

　"주님만 바라볼 시간이 아직 있으므로 언젠가 죽는다 해도 축복입니다"(2015년 11월 18일).

　그렇다고 그가 항상 의연했던 것은 아니었다. 암 발병 사실을 알리고 어머니 품에서 어린아이처럼 울었다고도 한다. 계속되는 통증에 두려워하며 "주여, 속히 나에게 오소서. 내가 낫기를 간절히 원하나이다"라고 간구하기도 했단다.

　그러나 병세가 악화되는 과정에서도 감사는 멈추지 않았다. 2016년 6월 29일에는 '어떠한 상황에서도 드리는 감사의 기도'란 제목으로 이런 글을 남겼다. "주님, 예정된 치료를 마치고 오늘도 자리에 앉았습니다. 모든 것이 소망과 희망을 주는 것이라 믿고 또 믿습니다."

　7월 6일에는 가슴 짠한 글을 올렸다. "물 한 모금이 너무나 감사한 시간입니다. 입술이 간신히 마르지 않을 정도로 흐르는 물이 주님이 주신 생명수 같습니다. 오직 기도와 예수의 보혈로 내 몸을 덮습니다."

19일에는 이렇게 고백했다. "교만의 선봉에 서지 않고, 찬양의 제사장이 되어 이 영적 전쟁으로 나아갑니다."

20일, 그는 죽음을 맞았다. 하지만 그의 죽음이 '끝'은 아니었다. 많은 사람이 그의 죽음을 애도하면서 신앙인으로서의 새로운 각오를 밝혔으니까. 자신은 더 나은 천국으로 입성했으니까.


## 비전이 있기에 감사할 수 있다

잠언 29장 18절은 "비전이 없는 백성은 망한다"라고 충고한다. 그렇다. 꿈이 없고 이상이 없으며 비전이 없는 백성은 부패하고 타락하여 망할 수밖에 없다. 엠비션(ambition)은 야망이자 대지(大志)요, 비전이자 큰 꿈이며, 높은 이상이자 확고한 입지(立志)이다. 숭실대학교 안병욱 교수는 인생에 대해 이렇게 말한다. "산다는 것은 꿈을 갖고 그것을 실현하려고 동분서주하는 것이요, 바람직한 목표를 세우고 그것을 달성하려고 분투노력하는 것이요, 좋은 뜻을 세우고 그것을 성취하려고 악전고투하는 것이요, 간절한 원(願)을 품고 그것을 이루려고 주야로 분골쇄신하는 것이다."

만약 한 사람의 인생이 먹고사는 것으로만 만족된다면 동물적인 삶이나 다를 바가 무엇이겠는가? 인생은 결코 무위도식으로 허송세월할 만큼 값싼 것이 아니다. 그렇기에 가치 있는 삶, 보람을 느끼며 살아가려고 하는 사람이라면 반드시 비전을 가져야만 한다. 그러나 그 비전은 하나님의 은혜 아래 있는 비전이어야 한다.

1868년 명치유신을 일으킨 일본은 청소년 교육을 위해 1876년에 미국의 유명한 교육학자이자 대학교수인 윌리엄 클라크 박사를 초청했다. 클라크는 삿포로농학교의 교감이 되어 일본 청년들에게 기독교 정신을 고취시켰다. 그는 1877년 일본을 떠나면서 "젊은이여, 대망을 가져라!"(Boys be ambitious)는 명언을 남겼다. 비록 세 개의 단어로 구성된 짧은 말이었지만 일본 청년들의 가슴에 깊은 감명을 안겨주었다. 지금도 젊은이들의 가슴을 고동치게 만드는 경구이다.

세상에 태어난 지 벌써 58년의 세월에 들어섰다. 얼마 되지 않은 것 같은데 한편으로는 기나긴 세월이기도 했다. 그때그때 넘어야 할 고비가 힘겨웠던 세월이었다. 주께서 내게 주신 땅을 차지하기 위해 달려온 인생을 되돌아보면 감사가 저절로 나온다. 그래서 나는 지나온 발자취의 흔적을 바라보면서 고백하곤 한다.

"이건 모두 하나님의 은혜였습니다. 주님이 다 하셨지요."

평생 은혜의 여정을 걸어온 흔적 한가운데 새겨진 단어가 있는데, 바로 '꿈' '비전'이었다. 만약 꿈이 없었다면 내 인생은 벌써 허물어졌을 것이다.

초등학교 5학년 때 아버지가 세상을 달리하셨다. 물론 아버지가 계실 때도 공부와는 먼 가계(家系)였다. 공부하는 머리가 남들을 따라가지 못했기 때문도 아니고 공부하려는 열성이 없어서도 아니었다. 아버지가 공부에는 관심을 두지 않으셨고, 공부할 경제적인 기반을 조성해주지도 못했기 때문이었다. 대신 열심히 일해야 하는 성실성을 유산으로 물려받아야 했다. 그런 형편 속에서 아버지마저 계시지 않으니 당연히 중학교 진학의 꿈을 포기할 수밖에 없었다.

어느 날, 어머니는 나에게 미안한 듯 말씀하셨다.

"대구에 가서 공장에 다녀 돈을 좀 벌어라!"

그러나 시골에서 막노동을 하던 둘째 형이 "막내라도 가르치자!"고 해서 중학교에 간신히 입학할 수 있었다. 그렇게 시작한 공부는 대학까지 졸업하게 되었고, 졸업 후에도 공부에 대한 열망은 계속 끊어지지 않았다. 그 결과 문학석사(M.A.), 신학석사(Th.M.), 신학박사(Th.D.)까지, 결국 달려야 할 길을 최선을 다해 달려온 셈이다. 박사학위를 받는 순간, 나에게는 남들보다 더한 감사와 감격이 있었다. 그게 나이 마흔네 살까지 이루어진 나의 학업과정이었으니까.

한번도 '왜 이렇게 해야 하나? 이게 무슨 짓이람!' 이런 생각을 해본 적이 없었다. 내가 달려가야 할 길인 줄 알고 지칠 줄 모르고 달려왔다. 그것을 가능하게 한 것이 바로 하나님의 은혜 속에서 품었던 비전 때문이었다. 지금도 '꿈' '비전'이라는 말만 들으면 가슴이 설렌다. 지금도 또 다른 비전을 향해 달려간다. 그것은 바로 집필을 통한 선한 영향력을 끼치는 일이다.

당신은 평생 은혜로 살아가면서 가슴을 설레게 하는 꿈을 꾸는가? 꿈이 없다면 당신의 삶은 무미건조하게 퇴색될 것이다. 생명력 있는 삶을 살기 원하는가? 끊임없이 꿈을 새롭게 해야 하고 그 꿈을 향해 전념해야 한다. 꿈이야말로 우리로 하여금 성취를 향해 불을 내뿜게 한다. 비전이야말로 우리를 지치지 않게 한다. 우리 안에 타오르는 꿈은 우리를 감사의 사람으로 만든다.

## 사명을 잃으면 감사는 사라진다

내 삶에 감사가 메말랐다면 그 이유는 무엇 때문일까? 환경이 어렵기 때문에? 그렇지 않으면 문제가 안 풀려서? 혹시 사명을 잃어버렸기 때문은 아닌가? 사명을 잃으면 감사는 사라진다. 즉 사명에 불타는 사람은 언제나 감사하게 된다.

사도 바울은 에베소교회의 장로들과 직별인사를 나누면서 이렇게 자신의 목회를 회고했다. "나의 달려갈 길과 주 예수께 받은 사명 곧 하나님의 은혜의 복음 증거하는 일을 마치려 함에는 나의 생명조차 조금도 귀한 것으로 여기지 아니하노라"(행 20:24). 평생 은혜로 이끌림 받았던 바울은 주께서 맡기신 사명으로 불타는 삶을 살았다. 그는 꺼질 줄 모르는 감사의 사람이 되었다.

주님이 베푸시는 은혜를 붙잡고 사명감이 분명한 사람은 아무리 어려운 일이 있어도 낙심하지 않는다. 웬만해서는 속상해하거나 절망하지 않는다. 그러나 사명감이 없는 사람은 매사가 수동적이고 불평투성이다. 조금만 힘들어도 지친다. 힘든 일이 다가오면 쉬 낙심하고 포기한다. 이내 "내가 왜 이렇게 힘들어야 해! 내가 꼭 이렇게 해야만 하나? 이럴 가치가 있어?"라고 현실을 탓한다.

사명감이 분명한 사람은 오히려 험난할수록 스릴을 느낀다. 모험심이 생기고 도전하고자 하는 욕구가 생긴다. 그에게는 고된 일이 더 이상 고된 일이 될 수 없다. 오히려 고된 일이 콧노래를 불러온다. 하나님의 은혜를 따라 살았던 종교개혁자 존 후스는 화형을 당하는 순간에 "주여, 제가 이제까지 입술로 증거 하던 것을 피로써 증명하게 하시니 감사합니다!"라고 고백하며 순교했다.

미국의 유명한 토크쇼 진행자인 오프라 윈프리는 "그 어떤 과거의 아픔이 미래를 결정지을 수 없으며 걸림돌도 되지 않는다"라고 믿었다. 그리고 "모세처럼 과거의 운명을 딛고 우뚝 서겠다"라는 꿈을 가졌다. 그녀는 가난도, 꿈도, 근심도 모두 하나님이 자기에게 주신 사명이라 생각하고 줄기차게 열정적으로 살았다.

그녀는 오늘도 누구보다 바쁜 삶을 살아간다. 그녀가 하루도 빠짐없이 하는 일이 있다. 날마다 〈감사 일기〉를 적는 일이다. 이와 관련해서 그녀는 자신의 자서전에서 이렇게 고백했다. "오늘의 자신이 있기까지 진부한 이야기일지 모르지만 오직 한 가지, 하나님을 바라보며 감사하며 살았다."

그녀는 항상 하루를 마치면 다음과 같은 다섯 가지 〈감사 일기〉를 쓴다고 한다.

첫째, 오늘도 거뜬히 잠자리에서 일어날 수 있어서 감사합니다.

둘째, 유난히 푸르고 파란 하늘을 보게 해주셔서 감사합니다.

셋째, 점심에 맛있는 스파게티를 먹게 해주셔서 감사합니다.

넷째, 못된 짓을 한 동료에게 화내지 않았던 저의 참을성에 감사합니다.

다섯째, 좋은 책을 읽었는데 그 책을 써준 작가에게 감사합니다.

감사를 잊고 살아가는가? 우리의 삶에 하나님의 부르심을 점검해보라. 하나님이 부르신 목적을 향해 달려가보라. 사명감에 매인 우리는 어려움 속에서도 휘파람을 불 수 있다. 문제는 우리의 삶이 힘들기 때문이 아니다. 우리 가슴에 사명감이 시들어가고 있는 것이다.


## 일할 기회가 있으니 이 또한 감사하다

러시아의 유명한 소설가 톨스토이가 만년에 쓴 단편 소

설 가운데 「바보 이반」이라는 명작이 있다. 거기서 주인공 이반은 자기 형들에게 이런 말을 한다. "일을 열심히 하여 손에 굳은살이 박인 사람은 식탁의 제일 좋은 자리에 앉아서 따뜻한 밥을 먼저 먹을 수 있지만, 백수건달로 놀아서 손에 굳은살이 박이지 않은 게으름뱅이는 남이 먹다 남은 찌꺼기의 찬밥을 식탁의 말석에 앉아서 제일 나중에 먹어야 한다."

그럼에도 때때로 일하지 않고 살았으면 하는 생각을 가질 때가 있다. 더구나 일에 지칠 때면 그 일에서 탈출하고 싶은 욕구가 생긴다. 그러나 건강을 잃은 사람은 일할 수 있다는 것 자체가 얼마나 감사한지를 안다. 직업이나 할 일을 상실해본 사람 역시 "그래도 일할 기회가 있었던 때가 가장 행복하고 감사했다"라고 고백한다. 일, 그것은 우리에게 감사와 행복을 안겨다주는 하나님의 은총이자 선물이다.

1995년 미국의 영화배우 〈슈퍼맨〉의 주인공 크리스토퍼 리브가 낙마하여 목뼈의 관절로 전신마비 장애인이 되었다. 순간적인 실수로 영광스러운 인기와 슈퍼맨의 명성이 여지없이 짓밟힌 것이다. 절망에 빠진 그는 수도 없이 자살을 생각했다. 그럴 때마다 사랑스러운 아내 다나 리브가 다가와 그의 뺨에 키스를 하면서 말했다.

"여보! 내 사랑은 예나 지금이나 전혀 변함이 없어요. 저는 있는 그대로의 당신을 사랑하고 있답니다. 나는 당신이 이렇게 내 곁에 살아 있다는 것만으로도 감사해요."

크리스토퍼 리브는 사랑하는 아내의 고백과 용기를 주는 말에 힘을 얻어 절망 속에서도 자기가 할 수 있는 일을 찾았다.

그러던 중 1996년 11월 케이블 TV 드라마 〈황혼 속에서〉의 감독으로 휠체어에 앉아 모니터와 마이크를 통해 연기를 지시했다. 그리고 1998년에는 TV 영화 〈이창〉의 주인공으로 휠체어를 탄 사진기자 역을 맡아 최고의 연기로 찬사를 받았다. 그는 "일할 때 해방감을 느낍니다. 많은 것을 잃었지만 새로운 길을 찾을 수 있어 감사하고 행복합니다"라고 고백했다. 2002년 그는 손가락과 발가락을 약간 움직일 수 있게 되었고, 다시금 감각을 되찾을 수 있게 되었다.

그는 가는 곳곳마다 희망의 메신저로 이렇게 말했다.

"사고 후에 저는 사랑의 소중함을 깨달았습니다. 아내의 사랑은 영혼의 치료제였습니다. 내게는 다시 일어나는 것보다 사랑하는 아내와 날마다 함께하는 게 기쁨이고 기적입니다. 나는 삶을 헤쳐 나가는 방법을 깨달았습니다. 그것은 내가 가진 것을 돌아보고 감사하고, 내가 할 수 있는 것을 바라보고 감사하는 것입니다. 사랑은 그 안에 엄청난 보물이 숨겨진 보물창고입니다"

2004년 10월 11일, 그는 심장마비로 52세의 나이에 운명했지만 불굴의 의지로 절망 가운데 있는 사람들에게 큰 희망을 심어주었다.

우리가 낙담하는 것은 내가 할 일을 찾지 못하기 때문이다. 할 일이 있으면 지치지 않는다. 최악의 상황에서도 낙담하지 않고 최악을 이길 수 있는 용기가 생긴다. 절망은 내가 처한 환경 때문이 아니라 내 안에서 내가 살아야 할 이유, 내가 할 일을 찾지 못하기 때문이다.

한 여자가 태어날 때부터 선천성 백내장, 소안구증, 사시로 태어났다면 무엇이라고 표현하겠는가? 그녀의 앞날에 희망이 있다고 생각되는가? 그녀를 행복한 사람이라고 말할 수 있겠는가? 이러한 삶의 주인공이 바로 이소영 씨다. 스물다섯 살이 된 이 여인은 그동안 눈 때문에 네 번이나 수술을 받았으나 오른쪽 눈은 완전히 실명되었고, 왼쪽 눈은 가까이 있는 사물만 겨우 식별할 정도이다.

그러나 그녀의 인생에 먹구름이 드리운 것은 눈만이 아니었다. 초등학교 2학년 때 아버지는 다른 세상으로 떠나셨고, 2003년에 사업에 실패한 어머니는 신용불량자로 피해 다녀야 했다. 그녀의 언니는 정신지체 장애인이었다. 이런 상황 속에서도 그녀는 피아노를 쳤는데 원하는 대학에 들어가지 못하는 고배를 마셔야 했다. 다른 대학을 들어가기는 했지만 그녀는 휴학을 하고 방황을 거듭했다.

그러다가 하루는 어머니와 두 딸이 결론을 내렸다. "죽자!" 세 모녀는 동반자살을 시도하기 위해 공원으로 갔다. 약을 먹으려는 순간 이소영 씨가 소리쳤다.

"엄마, 우리 안 죽으면 안 돼? 나도 할 일이 있고, 언니도 할 일이 있고, 엄마도 할 일이 있잖아?"

그녀의 외침으로 가족들은 자살을 멈췄다. 그녀는 말한다.

"너무 억울했어요. 죽으려면 죽을 수도 있었지만 인생이 너무 아까웠어요. 여기가 끝이 아닌데, 할 일이 남아 있는데 죽기 싫었어요. 눈이 없는데 귀가 있는 것, 그게 제 희망입니다. 들을 수 있는 것만으로도 행복해요. 사실 희망을 찾기까지 많이 힘들었어요. 그런데 희망은 없어서가 아니라 찾지 않아서 안 보였던 거였어요."

하나님은 그녀에게 약한 시력 대신 특별한 귀를 주셨다. 인류의 0.1%만 가지고 있다는 절대음감을 주신 것이다. 그래서 그녀는 음악을 통해 자신의 삶을 개척해 나가기 시작했다. 그녀는 절망 가운데 포기하려는 이들에게 외친다.

"불행한 일이 닥치더라도 절대 절망하거나 낙심하지 마세요. 마음속으로 외쳐보세요. '나는 할 수 있다!' 희망이 온다고 굳게 확신하면 그대로 이루어집니다."

그녀는 2005년에 한국예술종합학교 합창지휘과에 수석으로 합격했다. 텔레비전에 출연해서 뒤로 선 채 피아노를 연주하기도 했다. 그녀의 삶과 음악에 대한 이야기를 묶은 책이 나왔는데, 「그래요, 눈이 없는데 귀가 있더라구요」가 바로 그것이다. 그녀는 파란만장한 자신의 생애를 책으로 엮은 소감을 이렇게 말했다.

"다른 사람들을 위해 뭔가 할 수 있다는 것, 이것이야말로 정말 축복입니다."

스스로를 긍정하고 희망의 끈을 놓지 말아야 한다. 그녀는 자신의 눈 때문에 성악과로 전과를 했고 틈틈이 작곡도 했다.

때로는 일에 지칠 때도 있다. 그래도 나는 행복하다. 사역할 수 있는 교회가 있고, 섬길 성도들이 내 곁에 있다는 것이 얼마나 감사한 일인가! 많은 목회자가 열심히 목회를 하고 싶어도 사역할 곳이 없어서 아우성친다. 어떤 목회자는 사역이 어려워 투잡을 갖기도 한다. 최근 젊은 세대들이 일하고 싶어도 일할 곳이 없어서 야단들이다. 아르바이트를 구하기도 힘들다고 한다. 한편 위험하고 힘든 일들은 기피하는 세태이기도 하다. 그래서 땀 흘리는 노동은 사람들에게 인기가 없어지고 있다. 어쩌면 신의 저주로 생각한다.

물론 노동이 죄에 대한 대가로 주어진 것이 분명하다. 그러나 하나님은 인간이 수고하는 일을 통해 찬란한 문화를 이루어가신다. 하릴없어서 무료함을 느끼는 사람들에 비하면 비록 힘들고 초라한 일이지만 그 일을 할 수 있다는 것 자체가 감사한 일이다. 때로는 일 때문에 우리는 갈등하고 상처를 주고받는다. 그것마저도 감사하자. 만약 일이 없었다면 갈등도, 상처도, 싸움도 없었겠지만 그래도 일을 벗 삼아 살아가는 인생이 아름다우니까.

## 경험하게 하신 은혜에 감사하라

인간에게 경험이란 너무나 소중하다. 경험은 인간에게 무한한 지식을 가져다주고 깨달음과 돌이킴의 기회를 제공하기도 한다. 탤런트 김혜자 씨는 아프리카의 비참한 현실을 경험하고 온몸의 전율을 느끼며 호소했다.

"바로 지금 이 순간에도 지구상에서는 4초마다 한 명의 아이가 전쟁과 기아로 죽어가고 있고, 매일 5천 명의 아이들이 먹을 것이 없어 죽거나 전쟁터의 총알받이가 되고 있습니다. 그리고 2억 5천 명의 아이들이 고된 노동에 시달리고 있습니다. 언제까지 이 아이들을 고통받게 해야 할까요?"

이렇게 아무런 저항도 못한 채 힘없이, 말없이 죽어가고 있는 수많은 사람이 있건만, 또 다른 지구촌 한구석에서는 배부름에 미친 사람들도 있으니 말이다. 그래서 그녀는 고개를 갸웃거리며 말했다.

"고릴라 3백 마리가 죽었다고 하면 연일 신문과 방송에서 떠들어대면서, 하루에도 수백 명씩 죽어가는 아이들에 대해선 침묵하는 이상한 세상입니다."

케냐에서는 남편이 죽은 미망인, 부모가 죽은 처녀들과 잠자리를 하는 대가로 돈을 받는 이른바 '악령 청소부'가 있다. 남편을 잃은 여성이나 부모가 죽은 딸은 더럽게 되고, 남편이 죽으면 그 영혼이 아내에게 달라붙는다고 믿고 있었다. 그래서 미망인이 장례식에 참석하거나 재혼을 하기 위해서는 소위 악령 청소부라 불리는 마을의 남자와 성관계를 맺어야 한다.

그뿐인가? 케냐는 남성중심의 사회이다. 여성이 강간당한 사실이 알려지면 가족은 물론 부족으로부터도 철저하게 매장된다. 그래서 "영국군은 강간을 여가활동으로 여기는 것 같다"고 말할 정도이다. 힘없는 사람의 인권이 철저하게 유린당하는 광경을 목도했다. 케냐 대통령은 에이즈를 국가적 재앙으로 선포했다. 케냐에서는 에이즈로 수많은 사람이 죽어가고 있다.

한국의 모든 시청자가 알아주는 인기 탤런트 김혜자 씨는 과연 얼마나 행복할까? 그녀는 조심스레 고백했다.

"사람들은 나를 뛰어난 연기자, 한국의 여인상, 어머니상, 언제나 사람들의 관심 속에서 살고 화려한 조명 속에서 평생을 살아온 여자, 행복한 사람, 그렇게 생각합니다. 그렇습니다. 난 행복합니다. 마음속 어딘가에 끝 모를 허무감만 없다면! 나는 누구인가, 왜 이곳에 있는 걸까를 끊임없이 묻고 있지만 않다면!"

결국 무엇인가? 그녀는 가슴 한편에 밀려오는 허무감의 공포를 감당하기가 힘들다는 외침이다. 인간 실존에 대한 질문 앞에 할 말을 잃고 있으니 어찌 "나는 행복하다. 불행하다"라고 말할 수 있겠는가? 그저 인생을 잘 모르겠다고 해야 할 게다.

그러한 그녀를 또 다른 세계로 안내하며 감사할 수 있게 하는 그 무엇이 있었다. 그것을 이렇게 고백했다.

"누구나 그렇듯이, '남이 보는 나'와 '내가 보는 나'가 그만큼 다를 때가 많습니다. 그런데 언제부턴가 내가 왜 이곳에 있는가, 왜 살고 있는가를 어렴풋이나마 알게 되었습니다. 왜 사는지도 모르고, 그러니까 생의 계획 같은 것도 없는 나를 이곳까지 오도록 손잡아준, 그래서 왜 내가 존재해야 하는가를 일깨워준, 너무나도 많은 것을 베풀어준 신에게 감사드립니다."

이제 그녀의 손이 닿아야 할 새로운 세계를 발견했다. 그녀가 꼭 찾아가야 할 사람들이 생겼다. 그녀가 외쳐야 할 사람들의 삶의 비참함을 보고 있었다. 그녀는 해마다 고통받는 아이들을 만나기 위하여 수십 시간씩 비행기를 타고, 공항에서 새우잠을 자면서 다음 비행기를 기다리고, 장거리 흙길을 엉덩방아를 찧으며 달리고, 6인승 프로펠러 비행기를 타고 곡예 하듯 사막을 넘곤 한다. 그러나 그녀는 행복하다. 그리고 감사한다.

## 소명에 충실한 삶이 감사를 일궈낸다

나는 우리 아이들에게 늘 당부한다. "비록 최고는 아닐지라도 최선을 다하는 삶을 살으라." 사람들이 모두 최고가 될 수는 없지 않은가? 또 그렇게 되어서도 안 된다. 누구나 최선을 다하는 삶을 살 수는 있다. 모두가 최선을 다하는 사람이 되어도 좋은 일이다. 최선을 다한 사람은 미련이나 후회가 없다. 최선을 다한 사람은 차선이 나오더라도 감사할 수 있다. 아름다운 것은 최선이 아니어도 좋다. 우리는 얼마든지 최선으로 만족할 수 있으니까.

2007년 12월 25일, 자양동 광진구민 체육센터에서 최요삼 선수는 인터콘티넨탈 플라이급 1차 타이틀 방어전을 치렀다. 그는 마지막 12라운드 종료 벨이 울리기 몇 초 전에 상대선수 인도네시아 헤리 아몰 선수에게 오른손 스트레이트를 턱에 맞고 쓰러졌다. 그는 여덟을 셀 때 다시 일어났고, 이어서 곧바로 종료 벨이 울렸다. 그러나 그는 이내 뇌출혈로 정신을 잃고 링 위에서 쓰러졌다. 순천향병원으로 옮겨 급하게 수술을 했지만 의식에서 깨어날 수 없게 되었다. 다시 아산병원으로 옮겼으나 결국 1월 2일 뇌사판정을 받고 34세의 젊은 나이에 짧은 권투인생을 마감했다.

그는 살아 있을 때 자신의 장기를 필요로 하는 사람들에게 나누어주고 싶다고 했다. 가족들은 그의 의사를 존중해서 6명의 환자들에게 그의 장기를 나누어줌으로써 새 생명을 얻게 했다. 그는 5일 벽제 화장장을 향해 나아갔다. 평소 그는 "가을에 지는 노을, 너무나 멋있죠? 뜨는 태양보다 더 멋있어요. 그런 모습으로 떠나고 싶어요"라고 말했는데, 지는 노을이 되어 인생을 마감했다.

그는 아버지에게 마지막 문자를 남겼다.

"아버지, 감사합니다. 최선을 다하겠습니다. 사랑합니다."

그는 의정부 풍성한교회 교인이었다. 담임목사는 최요삼 선수에 대하여 이렇게 말한다.

"모든 면에서 어린아이 같은 사람이었습니다. 평생 복싱만 해서 그런지 몰라도 참 세상 물정 모르고 순수했습니다."

최요삼 선수는 비록 짧은 인생을 살다가 하나님 품으로 갔지만,

그는 자신의 모든 재산과 신체마저도 어려운 사람을 위해 아낌없이 나누어주고 플러스 인생을 살다간 사람이었다.

삼손은 멋진 출발을 했다. 블레셋 용사들을 무릎 꿇게 하고 자기 민족 이스라엘을 구해냈다. 그러나 한 여인 들릴라에 의해 화려하고 용감했던 삶이 무참히 무너졌다. 그는 사랑에 빠져 하나님이 기뻐하시는 삶을 놓치고 말았다. 그러나 생의 마지막 순간에 정신을 차리고 비참한 운명을 민족과 하나님의 영광을 위해 바치기로 작심했다. "이번 한 번만 기회를 달라"고 간청했다. 결국 삼손이 마지막 날 하루에 죽인 블레셋 용사가 생전에 죽인 용사보다 훨씬 많을 정도였다. 그는 한때 연약하고 어리석은 실수를 저질렀지만 마지막까지 최선을 다하려고 애를 썼다.

우리는 어떤 상황, 어떤 일일지라도 주어진 소명에 최선을 다해야 한다. 직장에서 사원으로서 최선을 다해야 한다. 자기 자리에서 작은 일에 최선을 다하지 않고 인정받을 수 없다면 공동체가 잘될 수 없다. 가정에서 주부로서 돌보고 섬기는 사역에 최선을 다하는 것이 기쁨이고 행복이어야 한다. 주부의 사역을 잘 감당할 때 자신도 감사가 넘치지만 가족들도 감사가 쏟아진다. 교회에서 맡은 직분을 다시 한번 돌아보고, 혹시 성실하게 충성하고 있지 않다면 그 자리로 돌아가야 한다. 마지막까지 할 수 있는 최선의 헌신을 다해야 한다. 주어진 소명에 최선을 다하는 것이 바로 감사를 생산하는 방법이니까.

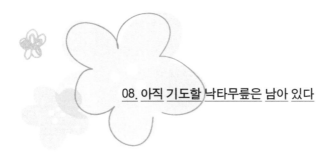

## 08. 아직 기도할 낙타무릎은 남아 있다

김희아 집사님은 태어날 때부터 얼굴 반쪽에 붉은 반점을 갖고 태어났다. 게다가 부모로부터 버림받고 보육원에서 고아로 자랐다. 보육원의 아이들이 잠든 시각, 서러움이 파도처럼 밀려오면서 그녀는 한나의 기도처럼 마음에 쌓인 한을 토로하며, 가슴을 치고 대성통곡하며 울면서 하나님께 기도했다.

"하나님, 왜 제게 이런 점을 주셨나요. 왜 하필 제게만 이런 점이 있는지요. 하나님의 손으로 지워주실 수 있잖아요."

그녀는 울면서 자신의 주먹을 쥐고 얼굴의 반점을 문질렀다. 진물이 날 정도로. 주먹을 지우개삼아 얼굴의 반점을 지워버리고 싶었던 것이다. 그렇게 울면서 거의 매일 기도드렸다.

하루는 그의 앞에 예수님의 형상이 보였다. 예수님도 고개를 들지 못할 정도로 펑펑 울고 계셨다. 예수님의 눈물을 보고 자신의 행동이 얼마나 후회스러웠던지. 그분을 슬프게 해서 마음이 아팠다. 그래서 또다시 기도했다.

"예수님, 다시는 제 얼굴로 인해서 눈물 흘리시지 않게 할게요. 제 모습을 보고 예수님께서 기뻐 눈물 흘리시게 해드릴게요."

눈물을 지으신 이가 눈물을 흘리며 주체할 수 없는 슬픔으로 어깨를 들썩일 때 그녀는 혼자가 아님을 느꼈다. 자신을 지켜보는 눈동자, 자신과 공감하는 마음을 가진 거룩하신 이가 자신과 아주 가깝게 항상 함께하심을 깨달았던 것이다.

그러나 시련은 거기서 끝나지 않았다. 나머지 성한 얼굴 쪽에도 암이 찾아와서 수술을 받게 되었다. 수술을 받으러 수술실로 들어가기 전에 이렇게 기도했다.

"하나님! 지금 제가 겪고 있는 이 고통을 절대 잊지 말게 하소서! 그리하여 저처럼 아픈 사람을 만나게 되었을 때 그 사람의 고통을 마음으로 알고 위로하게 하소서!"

훗날 그는 '당신을 사랑합니다' 라는 강연에서 이렇게 말했다.

"저는 부모님을 원망하지 않습니다. 일찍 세상에 저를 놓아주셨기에 아픔을 빨리 이겨낼 수 있었습니다. 아픔을 겪지 못했다면 감사를 몰랐을 것입니다. 슬픔이 없었다면 기쁨도 몰랐을 것입니다. 사람들은 아픔과 고통 속에서 불평거리만 찾습니다. 저는 타인의 냉대와 편견 속에서도 감사의 씨앗을 키웠습니다."

긍정과 절대 감사의 신앙으로 살아가는 희아 씨와 결혼하겠다는 남자가 있었다. 결혼 허락을 받기 위해 남자친구의 집을 방문했다. 그때 남자친구의 아버지는 희아 씨의 손을 꼭 잡아주면서 따뜻하게 말씀하셨다

"살다가 아픈 것을 어찌하겠니. 사랑은 주머니에 넣고 다니는 것이 아니란다."

결코 생각하지 못했다. 절대 믿지 않았다. 이런 날이 있을 거라곤, 이런 사람들이 다가올 거라는 걸. 그러나 그에게 희망의 빛을 비춰주신 주님이 계셨고, 주님의 따뜻한 마음과 온유한 사랑을 가진 사람들이 다가왔다. 그는 새로운 인생을 살 수 있게 되었다. 한나와 같이 남아 있는 낙타무릎으로 부르짖었을 때, 긍정적인 삶과 절대 감사의 신앙으로 나아갔을 때 하나님은 그녀에게 평생 은혜의 인생을 선물하셨다.


## 잊어버리는 은혜도 필요하다

몸에 작은 상처가 났다. 아무는 동안 그 상처 부위에 무엇이 닿기만 해도 깜짝깜짝 놀란다. 이미 난 상처가 민감한 반응을 일으키도록 신경을 자극하기 때문이다. 시간이 지나서 상처가 다 아

물게 되면 그 부위를 건드려도 더 이상 아프지 않다. 놀라지도 않는다. 문제는 우리가 가지고 있는 상처가 다 회복되었느냐, 그렇지 않았느냐 하는 점이다.

어떤 소녀가 있었다. 청소년 시절 아버지에 대한 반항심으로 가득 차 있었다. 고등학교를 졸업하고 아버지에 대한 반항심으로 남자를 만났다. 얼마 지나지 않아서 그 남자에게 푹 **빠졌고**, 철없던 스물두 살의 어린 나이에 혼인신고만 한 채 동거생활을 시작했다. 그러나 시어머니는 이러한 막내아들의 행동을 달가워하지 않았다. 더구나 임신까지 했는데 좋아하시기는커녕 더 언짢아하셨다.

부부가 즐거워하면 이런저런 트집을 잡으면서 노골적으로 괴롭혔고, 심지어 만삭인 며느리에게 꿀병을 던지기도 하셨다. 시누이는 다섯이나 되었는데 하나같이 참을 수 없는 모욕적인 말로 그녀의 가슴에 못을 박았다. 이 여인이 기댈 수 있는 사람은 오직 남편뿐이었다.

그런데 아이가 태어나자 남편마저 시댁 식구들처럼 똑같이 변해갔다. 허탈한 마음에 그녀는 신앙에 의지하려고 애를 썼다. 그러나 폭력을 휘두르고, 다른 여자와 외도하는 남편을 도저히 참아낼 수가 없었다.

어느 날, 부부는 심하게 다투었다. 아내는 너무 답답해서 무작정 집을 뛰쳐나가다가 그만 계단에서 굴러 척추 **뼈**가 어스러지는 사고를 당했다. 이루 말할 수 없는 고통이었다. 몸이 아픈 것보다 마음의 고통이 더했다. 병원에서 반신불수가 될 수도 있다는 진단을 받고 수술한 뒤 병실에 홀로 누워 있었다. 그때 남편이 찾아와서 이렇다 할 말도 없이 불쑥 내뱉었다.

"우리 이혼하자!"

그녀의 말은 한마디로 들으려고도 하지 않았다. 그저 "이미 식구들과 다 상의하고 결정하는 것"이라고 통보만 하고 돌아서서 나갔다. 남편이 이혼을 결정한 것은 그녀가 장애인이 될지도 모른다는 생각 때문이었을 것이다. 눈앞이 캄캄했다. 아니 죽이고 싶은 마음이었다. 서서히 마음을 정돈했다. 그리고 입술을 깨물고 굳게 다짐했다.

"어떻게 해서든 살겠다."

"내 힘으로 보란 듯이 일어서겠다."

결국 위자료 한 푼 없이 어린 아이를 떼어놓은 채 이혼당했다. 천만다행인 것은 수술이 잘되어 반신불수는 되지 않았다. 친정부모님 앞에선 아픈 내색을 할 수 없었다. 아이에 대한 그리움도 표현할 수 없었다. 부모님이 자기보다 더 가슴 아플 테니까…. 오랜 시간 동안 아무것도 할 수 없었다. 자책과 회한의 눈물로 허송세월을 보냈다. 그렇다고 살아 있는 목숨을 어떻게 할 수도 없지 않은가?

그러다가 정신이 번쩍 들었다. 이대로는 마음의 상처를 씻을 수가 없음을 깨닫고 일에 몰두하고자 마음먹었다. 두려운 마음도 들었

지만 점점 더 자신감이 생겼다. 힘든 시간을 보내긴 했지만 결국 몸
도 완전히 회복되었고 좋은 직장에서 열심히 일하게 되었다.

세월이 흐른 후 신앙을 회복한 그녀는 고백한다.

"내 모습을 찾게 해주신 하나님께 이젠 감사할 수 있습니다. 또
하나의 새로운 삶이 내게 주어졌고, 그 삶에 책임지고 싶습니다. 용
서하는 마음과 다른 이를 사랑하는 지금의 마음이라면 나는 더 이상
두려울 것이 없습니다."


우리는 이런저런 이유로 몸에 상처를 입기도 하고 마음과 영혼
에 상처를 입기도 한다. 상처를 가지고 있는 동안에는 힘들다. 누가
조금만 상처되는 말을 해도, 행동을 해도 아프고 쓰라리다. 그래서
세월이 약이려니 하면서 시간을 기다리기도 한다. 세월이 흘러서 상
처가 아물게 되면 아무렇지도 않기 때문에, 평생 은혜에 대한 깨달
음을 가질 때 사라진 감사를 회복할 수 있기 때문에.

상처를 가질지라도 빨리 회복해야 한다. 그때 필요한 것이 잊어
버리는 은혜이다. 스스로 책임질 수 없기에 하나님께 맡겨야 한다.
차라리 용서를 통해 상처를 치유할 수도 있다. 감사하는 삶을 살기
위해서라도 괜스레 힘들어하고 끙끙거리지 말아야 한다. 항상 함께
하시는 하나님께 맡기고 낙타무릎으로 회복된 평생 은혜의 삶을 살
아야 한다.

# 비전은 낙타무릎으로 완성된다

"사랑은 인생의 뿌리다. 우리는 이 뿌리를 튼튼하게 가꾸어야 한다." 철학자 안병욱 교수가 한 말이다. 그는 성취를 이렇게 예찬했다. "성취는 보람 있는 일을 이루는 것이요, 가치를 창조하는 것이요, 이상을 달성하는 것이요, 사업을 성공하는 것이요, 목표를 실현하는 것이다."

그렇다. 인생에 성취라는 것은 삶의 의미이자 보람이다. 인간은 성취를 맛보면서 살아가는 존재이다. 특히 과업지향적인 남성들에게 성취라는 것은 살아가야 할 또 하나의 이유이기도 하다. 물론 그리스도인에게는 거룩한 성취감으로 바뀌어야 하겠지만 성취에 대한 희열은 감출 수가 없다. 성취감을 느끼지 못하는 것은 살아야 할 기쁨을 상실한 것이나 다름없다.

나는 활동적이고 외향적이지는 않지만 조용하면서도 강한 성취에 대한 열망을 가지고 있다. 그래서 도전적인 인생을 살아왔다. 학문의 세계에 대한 성취감, 인생 비전에 대한 성취감, 사역에 대한 성취감 등을 경험하며 감사하고 있다. 다만 성취욕의 노예가 되지 않도록 늘 경계해야 한다. 그러나 순간순간 누리는 성취감이 없다면 인생이 무미건조하지 않겠는가? 무엇인가 성취할 수 있는 목표를 정하고 달리는 인생은 아름다운 것이다.

하나님의 사람, 영국의 양심이라 불리는 윌리엄 윌버포스는 영국 반노예제도의 선구자이다. 그는 1759년 영국 헐의 부유한 가정에서 태어나 케임브리지 세인트 존 칼리지를 졸업한 후 곧바로 정치에 입문했다. 그는 21세에 하원의원에 당선되었고, 20대 후반이 되었을 때 삶의 방향과 목적에 대해 반추하기 시작했다.

1787년 10월 28일, 27세의 젊은 영국 국회의원 윌리엄 윌버포스는 일기에 이렇게 썼다.

"전능하신 하나님은 내 앞에 두 가지 큰 목표를 두셨다. 하나는 노예무역을 금지하는 것이고, 다른 하나는 관습을 개혁하는 것이다."

많은 사람이 영국 사회를 개혁하려는 그의 헌신적인 노력에 감동하여 그를 '영국의 양심'이라고 불렀다. 그럴 때마다 그는 자신의 신앙에 대하여 설파하였다.

"신앙이란 늘 입으로 고백될 뿐 아니라 반드시 삶 속에서 실천되어야 한다."

그의 영향으로 영국의 젊은 국회의원 3분의 1이 복음주의 기독교인이 되었다. 당시 상류사회에서는 기독교를 품위를 위한 교양 이상의 것으로 간주하지 않았다. 이러한 상황에서 그는 앞으로 하나님의 뜻을 따라 살아가기로 결심했고, 그날 이후 자신의 개인적인 야망을 모두 떨쳐버렸다.

그는 영국 하원의회의 의원이었다. 그가 의회에서 노예매매에 관련된 반대운동을 전개하려고 결심한 것은 1787년이었다. 그 간악한 거래는 거의 3세기에 걸쳐서 계속되어왔다. 그러니 인디언 노예주들에게 노예매매 폐지란 상상도 할 수 없는 일이었다. 당시 노예매매를 통해 벌어들이는 수익이 영국 총수익의 3분의 1에 달할 정도였다. 그러니 이 운동이야말로 얼마나 무모한 일인가?

윌버포스는 호감을 주는 인상이 아니었다. 그는 작고 보잘것없는 외모에 좋지 않은 시력과 매부리코를 가지고 있었다. 그래서 보스웰(Boswell)은 그가 말하는 것을 보고 "진짜 조그만 새우 같다"라고 빈정거릴 정도였다. 그러나 훗날 그는 "그가 고래만큼 커다란 새우였다"라고 인정했다.

1789년 의회에서 윌버포스는 노예매매에 대해 이렇게 말했다.

"저는 그렇게 거대하고, 그렇게 무시무시하며, 그렇게 고치지 못하는 노예제도의 사악함을 보고, 그 제도의 폐지를 결심했습니다. 이제 그것들이 어떻게 될지 결과를 주목해주십시오. 지금 이 순간부터 저는 한순간도 쉬지 않고 이것이 폐지될 때까지 계속 노력을 경주할 것입니다."

그래서 노예매매 폐지안과 외국인 노예법이 하원에서 1789년, 1791년, 1792년, 1794년, 1796년, 1798년에 계속 반복되며 논의되었지만 모두 실패로 돌아갔다. 결국 그의 노력으로 외국인 노예법은 1806년이 되어서야 겨우 통과되었고, 그 다음 해인 1807년 노예매매법이 완전히 폐지되었다. 이로써 윌버포스의 노예매매 폐지운동은 18년이란 세월이 걸려 빛을 보게 된 셈이다.

그 후 윌버포스는 나폴레옹 전쟁이 끝난 직후, 노예제 그 자체의 폐지와 노예해방을 위해 그의 온 심혈을 기울였다. 1823년에는 노예제도 반대회가 조직되었고, 그는 의회에서 그 해와 그 이듬해에 두 번씩이나 노예에 대한 복지문제를 호소했다.

1825년 그는 건강이 악화되어 의원직을 사퇴하게 되었지만 그의 운동은 의회 밖에서 계속되었다. 그는 실제로 그의 말대로 해내고야 말았다. 1833년 노예제도의 폐지안이 의회에서 통과된 것이다. 비록 노예 주인들에게 2천만 파운드(400억 원)를 보상하는 조건 하에서였지만….

윌버포스는 그 순간을 이렇게 썼다.

"오, 하나님! 제 눈으로 영국이 노예제도의 폐지를 위해 2천만 파운드를 기꺼이 내놓는 날을 보게 하시니 정말 감사합니다."

바로 그 일이 있은 지 3일 후에 그는 세상을 떠났다. 그는 아프리카 노예를 위해 45년간의 인내력 있는 투쟁이 국가적으로 기념되는 가운데 웨스트민스터 성당에 안장되었다. 그는 '옳음'에 대한 확신을 가지고 45년간의 투쟁을 계속해왔던 것이다. 그 기나긴 투쟁의 결과, 그는 목표를 이루고 하나님 앞에 감사하는 인생이 되었다.

인생의 성취감을 경험하길 원하는가? 그렇다면 꿈을 품어야 한다. 하나님의 도움을 바라며 낙타무릎으로 기도해야 한다. 비전을 위해 결단해야 한다. 비전을 이루기 위해 포기할 것을 과감하게 포기해야 한다. 하나님의 영광을 위해, 선과 정의를 위해 끈질긴 투쟁을 해야 한다. 무엇보다 자신과의 피 터지는 싸움을 해야 한다. 당신은 비전을 성취했는가? 그렇다면 은혜를 베풀어주신 하나님께 감사해야 한다. 하나님의 영광을 스스로 갈취하지 말고. 일을 이루신 분은 바로 하나님이시니까.

## 건져주심에 감사하는 무릎도

혹시 극심한 고통이나 위험 가운데서 건짐을 받은 적이 있는가? 얼마나 감사한 일인가? 삼풍백화점이 무너졌을 때, 중국 쓰촨 성에 강력한 지진이 일어났을 때, 시속 190킬로미터의 강풍과 폭우를 몰고 미얀마 땅을 강타한 태풍 사이클론 나르기스에 의해 졸지에 '통곡의 땅'으로 변했을 때 우리는 사람들의 처참한 모습을 목도했다. '마지막 살아남은 한 사람'이라도 구출하기 위해 몸부림치는 구조원들의 애쓰는 모습을 보았다. 그 모습을 지켜보는 우리도 손에 땀을 쥐면서 안타까워했다. 한 사람을 건져낼 때마다 온 국민은 일제히 "와!" 하는 함성과 함께 눈물어린 박수를 보냈다. 그때 건짐받은 사람들의 희열을 상상해보라.

미국의 명문대학인 노스웨스턴대학교가 자랑하는 졸업생 가운데 에드워드 스펜서라는 사람이 있다. 1860년 9월, 폭풍우가 몰아치는 어느 날 밤이었다. 대학교 근방에 위치하고 있는 미시간 호(湖)에서 여객선이 침몰했다. 풍랑을 견디다 못해 침몰되고만 것이다. 그날 사고로 187명이 사망하는 참사가 발생했다.

스펜서는 당시 수영선수였다. 학교에 있었던 스펜서는 사람들이 살려달라는 아우성 소리를 듣고 육지에서 800미터 떨어진 침몰현장을 16차례나 헤엄쳐 오가며 17명을 구조해냈다. 아무리 수영을 잘하는 선수라고 하지만 이건 너무 무리였다. 결국 스펜서는 기진맥진하여 병원에 실려갔다. 물속에서 너무 무리하게 몸을 썼기에 몸이 망가져서 평생 휠체어에 의지해야 한다는 결과가 나왔다.

그 일로 스펜서는 국민적인 영웅이 되었다. 폭풍우와 맞서 싸운 용기, 다른 사람을 위한 자기희생 등. 다른 사람들에게는 굉장한 사람처럼 보였지만 스펜서 자신은 일생을 장애자로 살아가야 하는 뼈아픈 대가를 치르게 되었다. 스펜서는 휠체어에 앉은 장애자의 몸으로 80세를 살았다. 세상을 떠나기 1년 전, 신문기자가 그를 인터뷰하면서 이런 질문을 했다.

"당신은 용기 있는 사람입니다. 수많은 사람을 살렸으니까요. 그러나 당신 자신에게는 그날이 비극적인 밤이었습니다. 그날 이후 무엇이 가장 기억에 남습니까?"

기자의 질문에 스펜서는 잠시 침묵하다가 이렇게 대답했다.

"내가 구출해준 17명 가운데 훗날 나를 찾아와 감사를 표시한 이가 단 한 명도 없었습니다. 그 일이 자꾸 섭섭하게 기억이 납니다!"

스펜서가 선행을 하면서 치른 대가는 육체의 불구가 된 것보다 마음의 상처가 더 큰 것이었다. 자기가 구출했던 사람들 가운데 단 한 사람도 감사가 없었다는 것이 스펜서의 마음에 남는 상처였다.

왜 그랬을까? 그 많은 사람이 다 어디에 갔을까? 성경에서도 그런 이야기가 있다. 10명의 한센병 환자들이 예수님으로부터 고침을 받았다. 그런데 9명의 유대인은 다 자기 집으로 가고, 한 사람 이방인만이 예수님을 찾아와서 감사했다. 그때 예수님이 물으셨다. "나머지 사람들은 다 어디 갔느냐?"라고.

바울은 데살로니가 교인들에게 이렇게 권면했다. "범사에 감사하라"(살전 5:18). 그것이 바로 우리를 향한 하나님의 뜻이니까. 여기서 '범사'란 즐거운 상황뿐만 아니라 유쾌하지 않고 힘든 상황도 포함한다. 물론 우리는 힘든 상황 때문에 감사하는 건 아니다. 하나님께서 우리의 선을 위해 모든 상황 속에서 일하고 계심을 믿기 때문에 감사하는 것이다. 즉 평생 은혜를 알기 때문에.

신학자이자 베스트셀러 작가인 제리 브리지스 박사는 그리스도인들은 어떤 상황 속에서도 감사할 것을 이렇게 강조한다. "우리는 과거의 시험에서 건져주신 것에 대해 감사해야 한다. 우리는 현재의 시험 속에서도 감사해야 한다. 하나님은 우리가 감당하지 못할 시험을 허락하지 않으시며, 또한 우리는 그분의 풍성한 은혜로 그 시험을 넉넉하게 이겨낼 수 있다. 그리고 하나님께 감사할 때 우리는 그리스도 안에 있는 유산인 기쁨을 다시 한 번 경험하게 될 것이다."

힘들지 않은 인생은 없다. 어렵지 않은 삶은 없다. 다만 아무리 힘들고 어려운 상황일지라도 살아계신 하나님이 베푸실 은혜를 알기 때문에 지치고 낙심하지 않는다. 우리가 감사할 수 있는 것은 '하나님의 구원'에 대한 확신 때문이다. 하나님은 과거에 이미 우리에게 시험을 통과할 수 있게 해주셨다. 그렇다면 현재뿐만 아니라 미래에 우리가 만나게 될 모든 시험까지도 통과하도록 하실 것이다. 만약 우리가 통과하지 못할 시험이라면 하나님은 허락하시지 않았다. 다니엘과 그의 친구들은 이러한 하나님을 확신하고 있었다. 그렇기에 그들은 풀무 불에 들어가는 것이 두렵지 않았고, 모험을 하는 것이 겁나지 않았다. 건져주시는 하나님이 오늘도 우리와 함께하심을 잊지 말아야 한다. 그리고 건져주시는 하나님께 감사드려야 한다.


## 남아 있는 것에 감사하는 삶이란

오드리 헵번이 쓴 매력적인 시가 있다.

매력적인 입술을 가지려면 친절한 말을 하라.
사랑스러운 눈을 가지려면

사람들 속에서 좋은 것을 발견하라.

날씬한 몸매를 원하면

배고픈 사람들에게 음식을 나눠주라.

아름다운 머릿결을 가지려면

하루에 한 번 아이로 하여금 그 머릿결을 어루만지게 하라.

균형 잡힌 걸음걸이를 유지하려면

당신이 결코 혼자가 아니라는 사실을 기억하며 걸으라.


물건뿐만 아니라

사람도 새로워져야 하고 재발견해야 하며,

활기를 불어넣어야 한다.

어떤 사람도 무시되어서는 안 된다.

당신이 도움의 손길을 필요로 할 때

당신 역시 팔 끝에 손을 갖고 있음을 기억하라.

나이를 먹으면서 당신은 알게 될 것이다.

한 손은 당신 자신을 돕기 위해

그리고 나머지 한 손은 다른 사람을 돕기 위해.


우리의 손은 '돕는 손'으로 이 세상에 존재한다. 남을 돕든 자신
을 돕든 간에 손은 돕는 데 사용될 때 아름답다. 이러한 도움에 찬물
을 끼얹은 것이 있다. 도움을 받고서도 감사할 줄 모르는 사람들이

다. 그래서 세계적인 문학가 괴테는 "세상에서 가장 쓸모없는 인간은 감사할 줄 모르는 인간"이라고 말했다.

나는 감사의 사람인가? 불평의 사람인가? 불평하고 있다면 그렇게 유익하지도 않은 불평을 왜 계속 반복하고 있는가? 혹시 내가 많은 것을 가졌기 때문에 감사하고 있는가? 그렇다면 가진 것이 없으면 불평하고 살 것인가? 가진 것이 많다는 것은 분명히 감사의 조건이다. 가진 것이 많은데도 감사하지 못한다면 그는 감사의 사람과는 거리가 멀다. 그렇다고 가진 것이 없다고 감사하지 못해야 하는 것은 아니다. 가진 것이 없어도 불평하지 않고 감사하는 사람도 많기 때문이다.

우리가 장애를 가지고 있는 것은 결코 유쾌한 일도, 행복한 일도 아니다. 장애를 지닌 것은 많은 불편과 불평을 초래한다. 그런데 장애를 가지는 것이 반드시 불평해야만 하는 필요충분조건은 아니다. 장애를 가졌지만 장애를 극복한 사람도 많다. 장애를 지녔지만 감사하면서 사는 사람도 많다. 우리는 장애를 가진 사람들에게서도 성공담을 자주 들으면서 감동을 받는다. 그런 감동적인 성공담을 들려주는 사람 가운데 한 사람이 바로 장애인으로 교육학 박사를 받고 명품 가문을 일궈낸 강영우 박사이다.

강 박사는 재미 동포 가운데 미국 연방정부 최고위직에 오른 인물이다. 국가장애위원회 차관보는 미국 상원의 인준을 받는 고위직으로, 군인으로 치면 4성 장군 급에 해당한다. 그뿐만이 아니다. 그는 미국 루즈벨트재단이 선정한 '127명의 공로자'에 한국인으로는 유일하게 선정되는 영광도 누렸다. 강 박사와 함께 공로자 명단에 오른 인물은 로널드 레이건, 빌 클린턴 전 대통령 등 미국 역대 대통령만 8명이 포함돼 있을 정도로 세계적으로 명성 있는 선정이었다.

루즈벨트재단이 강 박사를 선정한 이유가 무엇일까? 이에 대해 재단은 선정 이유를 다음과 같이 밝혔다. "강영우 박사는 장애인에 대한 편견과 차별을 극복하고 한국 최초의 시각장애인 박사가 됐으며, 유엔세계장애위원회 부의장으로 장애인을 위해 헌신했다."

그렇다고 그가 평탄한 인생길을 걸어온 것은 아니다. 아니 엄청나게 불행한 인생길을 걸어왔다. 눈물과 아픔으로 얼룩진 삶이었다. 그는 열 살 때 아버지를 여의게 되었다. 그리고 열한 살 때 축구를 하던 도중에 공에 맞아서 시력을 잃게 되었다.

그뿐만이 아니었다. 슬픔에 빠진 어머니는 급기야 2년 후에 세상을 떠나셨다. 평화시장 봉제공장에서 일하며 가족들의 생계를 책임졌던 누나마저 과로로 병을 얻어 결국 숨졌다. 이후 여동생은 고아원으로, 남동생은 남의 집 철물점으로, 그는 맹인 재활원으로 뿔뿔이 흩어졌다. 얼마나 힘든 상황인가? 강영우 박사는 절망과 슬픔에 빠졌다. 하루하루를 살아갈 용기가 없었다. 그래서 여러 번 자살도 시도했다.

그러던 어느 날이었다. 그는 우연히 목사님 한 분을 만나게 되었는데 그 길로 신앙을 갖게 되었다. 그 후부터는 '자신에게 남아 있는 것'에 감사하기로 마음을 고쳐먹고 긍정적인 생각을 갖게 되었다.

그는 서울맹인학교를 졸업하고 연세대학교 교육학과에 지원할 때는 '시각장애인은 안 된다'는 사회의 편견에 맞서 싸워야 했다. 그러나 그는 연대 문과대를 차석으로 졸업했다. 후에 국제로터리재단에서 장학금을 받아 미국 피츠버그대학으로 유학을 갈 수 있는 기회를 얻었다. 그는 어려운 유학생활에서 3년 8개월 만에 교육학 석사, 심리학 석사, 교육철학 박사학위를 땄다. 시각장애인으로서는 한국 최초였다. 일리노이대학의 교수로 재직하기도 했고 미국 백악관 정책 보좌관의 자리까지 앉게 되었다.

그는 시련을 성공의 자산으로 받아들였다.

"실명(失明)을 한 뒤 시력을 달라고 매일 기도했어요. 그때 하나님이 내 기도에 응답해 시력을 줬다면 아마 내가 이렇게 성공하지 못했을 거예요. 시력을 잃은 게 내 인생에서 가장 큰 자산이 됐고, 그 때문에 성공했다고 생각해요."

그는 두 아들에게 항상 이런 이야기를 했단다.

"포기하지 말라. 자신감을 가져라. 긍정적으로 생각하라."

이것이 강영우 교수가 인생을 역전시킨 비결이었으니까.

사람들은 나에게 없는 것을 갖고 세상을 원망하며 비관적으로 살아간다. "이것도 없고, 저것도 결핍되었고, 내 인생은 왜 이렇게 구질구질한지 모르겠어." 그러나 한 번 더 생각해보라. 나에게 '남은 것'이 얼마나 많은가? 남은 것에 감사하는 습관을 가져야 한다. 설령 많은 것을 잃었을지라도 여전히 많은 것이 남아 있지 않은가?

우리 가운데 감사하지 못할 정도로 깡그리 잃은 사람은 없다. 은혜로우신 하나님은 분명히 나름대로 살아가기에 충분한 것을 남겨 주었을 것이다. 없는 것을 보고 불평하지 말고, 오히려 남은 것을 감사하는 습관을 가진 자는 반드시 새로운 도전을 하게 된다. 그것이 바로 성공하는 비결이다.

## 그래도 아직 무릎은 남아 있다

「신이 준 손가락」의 주인공 이희아 양. 그녀는 네 손가락의 세계적인 피아니스트이다. 그녀는 육체적으로, 정신적으로 도저히 불가능한 상태에서 희망을 가지고 기적을 만들어냈다. 그녀는 결코 환경을 탓하지 않았다. 장애를 가졌음에도 불구하고 포기하지 않았다. 주어진 환경을 극복하고 인간이 가지고 있는 무한한 가능성을 보여주었다.

그녀의 엄마는 간호장교로 일하던 군인병원에서 척추장애였던 장교 출신 아버지를 만나 결혼했고 아이가 태어났다. 그런데 그 아이가 장애를 가지고 있었다. 그러나 하나님을 향해 원망하지 않았다. 어머니와 딸은 함께 합작품을 멋지게 만들어냈다. 열 손가락을 가지고도 해내기 어려운 일인데 네 손가락을 가지고 해냈다. 위대한 일을.

뒤뚱뒤뚱~ 그녀의 걷는 모습은 이상했다. 수영장에서 아이들이 괴물이라고 놀려댔다. 그러면 그녀는 "그래, 나, 괴물이다!"라고 하면서 오히려 장난을 칠 정도로 밝게 살아왔다. 그녀는 현실과 환경을 결코 부끄러워하지 않았다. 오히려 현실을 그대로 인정하면서 친구로 사귀는 법을 배웠다.

그녀는 태어날 때부터 손가락은 한 손에 두 개씩, 다리는 무릎 아래가 없는 기형의 몸을 갖고 태어났다. 여섯 살 때부터 피아노를 쳤다. 그러나 무릎 아래로 다리도 없고, 네 개의 손가락을 가졌을 뿐만 아니라 그중에도 관절이 있는 손가락은 하나밖에 없었다. 팔 관절조차 없기 때문에 실제로는 어깨를 이용해서 피아노를 쳤다. 그래서 의사 선생님은 만류했다.

"피아노를 치면 평생 몸을 못 쓰게 될 수도 있습니다!"

희아는 다른 아이들보다 낮은 지능을 가졌다. 그뿐인가? 그녀는 악보를 읽지도 못했다. 피아노 선생님들은 희아가 재능이 없다고 포기하라고 했다. 그러나 어머니는 희아가 피아노를 치지 못하면 아무것도 할 수 없다는 생각이 들었다. 그래서 어머니는 희아에게 하루 10시간 이상씩 피나는 연습을 시켰다. 그녀는 밥을 하고 빨래를 하는 일상을 모두 내던졌다. 희아의 피아노에 인생을 걸었다.

희아는 피아노를 거부한 적도 있었다. 초등학교 6학년 때 정신과 치료를 받을 정도로 심각한 상태였다. 피아노 선생님을 보기만 해도 경기를 하고 숨을 쉬지 못했다. 결국 희아는 피아노를 그만두겠다는 생각을 했다. 어머니 역시 "이건 내 욕심일 뿐이야!"라고 여기면서 피아노 뚜껑을 닫았다.

그러나 병상에서 특별한 만남이 있었고, 그 만남을 통해 그렇게 거부하던 피아노 앞에 행복한 얼굴로 다시 앉게 되었다. 마침내 희아는 세계에서 유일한 네 손가락의 피아니스트가 되었다. 그녀는 전국학생 음악연주평가대회에서 최우수상, 장애 극복 대통령상, 자랑스러운 서울시민상 등을 받았다. 희아 씨는 장애인들에게는 희망이, 비장애인들에게는 삶의 의미를 되돌아보게 하는 살아 있는 감동이 되었다.

열 살 때 희아는 자신의 일기에 이렇게 적었다.

"나는 손가락을 두 개 주신 하나님께 감사합니다. 내 손을 생각해보면 아주 귀한 보물의 손입니다."

희아에게는 또 다른 보물이 있었다. 그것은 바로 무릎이었다. 그녀는 불편했지만 이 무릎 때문에 걸어 다닐 수 있었다. 희아는 피아노 페달을 밟을 수 있는 무릎 때문에 언제나 감사했다. 그리고 그 무릎으로 하나님께 기도할 수 있어서 이 또한 감사했다. 그녀는 자신이 세상에서 가장 행복하다고 생각하기에 그녀의 입가에선 웃음이 떠날 날이 없었다. 감사할 것 없는 조건 속에서도 밝고 유쾌한 성격을 가지고 감사를 잃지 않는 삶의 태도가 너무나 아름답다.

'기쁨의 싹'이라는 뜻을 가진 희아(喜芽)는 자신의 연주를 듣는 많은 사람에게서 기쁨과 행복의 싹이 돋아나기를 희망하고 있다. 네 손가락이라고 불행한 것은 아니다. 네 손가락이라고 아무것도 할 수 없는 게 아니다. 비록 네 손가락을 가졌을지라도 얼마든지 목표를 정하고 성취할 수 있다. 누구 못지않게 희망찬 삶을 살 수 있고 감사하며 살아갈 수 있다. 손가락이 운명을 결정하는 것이 아니다. 주어진 조건을 해석하는 삶의 태도가 운명을 결정한다. 아무리 불행하다고 생각되는 조건 속에도 평생 은혜를 베푸시는 주님이 계시니까.

# 상황을 뛰어넘는
# 절대 감사로 살라

## 09. 어떤 고난 속에서도 감사를 선택하라

"목사님, 위 조직검사를 해야 합니다."

1999년 3월 말, 박종순 목사님이 서울 삼성의료원 건강검진센터에서 들은 의사의 진료결과였다. 진료한 의사는 교인이었다. 짧은 말을 하는 그의 표정이 몹시 어두웠다. 큰일이 난 걸 직감했다. 아찔했다. 며칠이 지나 다시 병원을 찾았다. 이날은 4월 2일 성금요일이었다. 의료원장이 직접 결과를 전해준다고 했다. 원장을 만났다. 각오하고 간 자리였다. 그런데 원장이 날씨부터 부활절 이야기까지 딴소리를 시작했다. 차마 결과를 말할 수 없었던 것이다.

목사님이 먼저 물었다.

"결과가 나왔지요?"

대화는 중단되었고 침묵이 흘렀다.

"암이에요. 위암입니다."

암일 수도 있겠다고 생각은 했다. 하지만 막상 듣고 나니 온몸에서 힘이 쫙 빠졌다. 몸속에 자라는 악성종양을 인정하고 싶지 않았다. 잠시 후 원장이 정적을 깼다.

"빨리 수술해야 합니다. 다행히 말기는 아닙니다. 그래도 시간이 없습니다. 급해요. 지금 입원하시면 제일 좋습니다."

준비했던 말을 쏟아냈다. 당장 붙잡아 입원시키려는 마음이 전해졌다. 목사님은 무겁게 입을 뗐다.

"제가 오늘 성금요일 예배 설교를 해야 해요. 제가 갑자기 입원하면 교인들이 많이 놀랄 겁니다. 급한 일만 마치고 입원하겠습니다."

말은 했지만 앞이 보이지 않을 정도로 정신이 없었다.

강변북로를 달리는 차 안에서 무심히 창밖을 내다봤다. 늘 보는 풍경인데 그날따라 낯설었다. '목사도 암 앞에서는 별수 없구나. 이 풍경을 계속 볼 수 있을까?' 부정과 원망이 뒤섞였다. 혼란스러웠다. 당장 성금요일 예배 설교를 못할 것 같았다. 머리가 복잡하니 기도도 나오지 않았다. 그러다 감사라는 단어가 떠올랐다.

"그래도 말기는 아니지 않은가? 그나마 다행이다. 나를 기다리는 의료진도 있지 않은가? 나를 기다리고 있는 교인들을 만나러 가자. 가서 말씀을 전하자. 이제 이틀만 지나면 부활주일 아닌가? 부활의 벅찬 희망을 전해야지."

그리고 기도했다.

"주님, 감사합니다. 이만해서 다행입니다. 건강을 지키게 해주셔서 감사합니다. 잘 치료받고 더욱 열심히 목회하게 해주세요."

순간 평화가 찾아왔다. 저 멀리 충신교회 십자가가 보였다.

그렇다. 평생 은혜 안에 살아간다고 할지라도 다양한 난제 속에 살아간다. 그때 상황을 뛰어넘는 절대 감사를 선택하고 나면 나를 둘러싼 문제로부터 탈출구가 보인다. 이것은 이론이 아닌 영적 체험이어야 한다.


## 문제는 우리를 감사하게 해준다

때때로 문제 앞에서 벌벌 떨고 서 있는 자신을 발견한다. 내 인생에 원하지 않은 일인데 갑작스레 내 앞에 다가와서 당혹스럽다. 직장생활에 문제가 생기고 결혼생활에 문제가 발생한다. 자녀들에게 생각지도 않았던 문제가 터지고 건강상 문제가 생긴다.

어떤 성도가 큐티(QT) 나눔을 통해 이런 이야기를 털어놓았다. 며칠 전 구역 식구가 전화를 했단다. 요즘 말씀대로 살려고 애쓰고 있는데, 남편 직장에 문제가 생겨 경제적인 어려움을 겪고 있다는 것이었다. 이때다 싶어 남편에게 "같이 교회에 가서 기도하자!"고 했더니 남편이 거부했다는 것이었다.

그래서 너무 서두르지 말라고, 아이들과 함께 남편 직장의 어려움을 해결해 달라고 남편이 보는 앞에서 기도하라고 조언했다. 그랬더니 알았다고 대답하면서 이렇게 덧붙였다. "말씀대로 살려고 하는데 왜 어려움이 생기는지 모르겠어요." 우리는 어려움이 생겨야 생각하고 묵상하게 되는 것 같다. 그래서 "묵상하는 사람, 기도하는 사람을 만들려고 그러는 것 같다"고 얘기해주었다.

어려움이 생길 때 문제만 보고 배후에 계신 하나님을 보지 못하면 감사하지 못한다. 또한 좋은 일들이 있으면 당연하다고 생각해서 감사하지 못한다. 감사하지 않으니 하나님을 즐기지 못한다. 기쁨 가운데서도 하나님께 집중하고, 어려움 가운데서도 하나님께 집중함으로 감사하고, 하나님을 즐기는 삶을 언제쯤에나 살아보게 될 것인가? 사전에 미리미리 기도하고 말씀을 보며 준비하는 삶을 살아야 한다. 문제가 닥쳐야 기도하는 습관에서 벗어나서 한다.

문제는 우리 인생에 꼭 필요하다. 문제가 없으면 더 좋겠지만 문제는 인생의 동반자이기 때문에 문제를 떠난 인생은 있을 수 없다. 문제는 두려워할 일이 아니다. 오히려 감사함으로 받아들여야 한다. 문제는 반드시 좋은 것을 동반해서 다시 돌아올 거니까.

몇 개월 동안 남편 직장 때문에 어려움을 당하는 지체가 있었다. 그는 큐티를 통해 문제 속에 다가오시는 하나님을 새록새록 경험하고 있었다. 오히려 문제 속에서 감사를 찾아냈다. 그 자매는 자신의 경건 일기에 이렇게 고백했다.

"직장 삶에서 어려움은 꼭 필요하다. 그런데 사람들은 마치 불필요한 것으로 생각한다. 어려움에 휘말리지 말고, 오히려 이겨서 하나님을 닮아가야 한다. 그러나 우리는 사탄에게 지고 나서 '졌구나!'라고 깨닫거나, 아니면 진 것도 모르며 살아간다. 섰다 싶으면 넘어져 있고, 섰다 싶으면 절망이 앞에 있고, 섰다 싶으면 포기가 옆에 있다. 지금까지 살아오면서 믿음은 있었는데 어려움은 겪지 않았기에 하나님께서도 나를 신뢰하지 않으셨다. 그러나 지금은 시련을 통해 넘어지고 일어서고, 또 넘어지고 일어섬을 반복하며 믿음이 자라나고 있다. 하나님께서도 나를 신뢰하신다는 생각이 든다. 죽은 나사로를 즉시 살리실 수도 있으셨지만, 지체하심으로 많은 영광을 받으신 것처럼 월급문제가 지체되는 것은 더 많은 영광을 보이시기 위함임을 믿는다. 그리고 인내하며 기다리자. 기도하되 그리 아니하실지라도 감사하자. 지체되더라도 결코 포기하지 말자. 포기하지 않고 기도하고 있을 때 월급이 나오면 하나님께 영광을 돌리고 감사할 수 있지만 포기한 상태에서 월급이 나오면 하나님께 어떻게 반응해야 할까? 바르게 반응하기 위해 바르게 기도하자."

문제를 문제로 받아들일 수 있다. 그러나 평생 은혜로 살아가는 성도는 문제를 반갑지는 않아도 '싫지 않은 손님' 쯤으로 받아들인다. 문제는 우리가 대하는 태도에 따라 우리를 괴롭히기도 하지만 우리를 감사하는 사람으로 변모시키기도 한다. 문제 앞에서 문제만 바라보고 불평에 휩싸이는 것은 믿음의 사람이 선택할 길이 아니다. 믿음으로 문제 앞에 당당히 맞서야 한다. 하나님의 말씀으로 무장하여 도전장을 던져야 한다. 영적인 거장들을 보면 문제가 있기에 위대한 승리자의 길을 걸을 수 있었다. 다윗은 골리앗이라는 골치 덩어리가 있었기에 빛나는 샛별이 될 수 있었다. 결과를 바라보면 결국 우리는 문제 앞에서 감사하며 미소 지을 수 있다.

노먼 빈센트 필 목사에게는 미국의 전설적인 백화점 왕으로 알려진 J. C. 페니라는 교인이 있었다. 그는 95세의 나이에도 왕성하게 활동하고 있었다. 어느 날, 필 목사가 뉴욕의 월도프 아스토리아 호텔에서 그를 대담하게 되었다. 필 목사가 물었다.

"당신은 오래 사신 만큼 인생사를 살아오면서 온갖 어려운 문제를 겪으셨을 겁니다. 당신의 문제 해결 철학은 무엇입니까?"

질문을 받은 페니는 이렇게 대답했다.

"노먼 목사님, 사실 나는 어떤 문제를 직면하면 먼저 감사를 드립니다. 왜냐하면 문제를 하나하나 극복할 때마다 내가 더욱 강해지고, 앞으로 더 큰 문제를 대면할 만한 준비를 갖추게 되기 때문입니다. 말하지만 문제를 발판으로 더욱 성장한다고 할까요?"

문제를 해결하려면 먼저 문제를 긍정적으로 바라봐야 한다. 그 문제로 인해 감사하는 마음을 가져야 한다. 그러면 우리는 그 문제 때문에 성장하는 경험을 하게 될 것이다.

# 감정을 극복하고 선으로 대하라

거절의 상처를 경험해본 적이 있는가? 너무 중요하고 절박해서 긴히 부탁했는데 거절당했을 때 얼마나 마음에 상처를 받는지 모른다. 비록 작은 필요 때문에 부탁을 했을지라도 그것을 거절당했을 때 마음에 큰 아픔과 상처로 남게 된다. 그런 상처를 받을 수 있는 상황 속에서도 감사할 수 있겠는가? 거절당하는 순간에도 마음과 영혼의 안정을 누리면서 감사하고 있는가?

어느 남편은 저녁마다 아내로부터 많은 거절을 당해왔다. 아내는 잠자리로 다가오는 남편에게 피곤하다는 핑계를 둘러대면서 오랫동안 잠자리를 거절해왔다. 남편은 아내에게 다가갈 때마다 치사하다는 생각이 들었다.

그러던 중 어느 날이었다. 남편은 옛 대학시절 여자친구를 만나게 되었다. 그 여자친구도 자기 남편으로부터 많은 무시를 당하면서 살아왔다. 두 사람은 가까워지기 시작했고 깊은 관계를 맺게 되었다. 이 사실을 아내가 알게 되었다. 아내는 뒤늦게 남편의 마음을 다잡기 위해 다가갔지만 이젠 남편이 아내를 밀어내기 시작했다.

남편은 의도적으로 아내에게 상처를 주는 행동을 했다. 아내 역시 거절감에 자존심이 상할 대로 상했다. 이게 인간이 가진 거절감에 대한 상처이다. 거절감은 우리 안에 불쾌한 감정을 불러일으키고 불평과 불만을 낳는다. 결국 관계가 무참히 깨진다.

유명한 「빙점」의 저자 미우라 아야꼬는 이런 경험을 이야기했다. 어느 해 가을이었다. 그는 「바른 길에 산다」라는 책의 출판기념 전도집회를 인도하게 되었다. 그가 강연하러 간다는 소문이 퍼지면서 오는 김에 강연해 달라는 요청이 있었다. 목이 좋지 않은 상태인지라 의사로부터 "강연은 중지하라!"는 경고를 받은 상황이었다.

결국 모든 요청을 다 받아들일 수는 없었고 몇몇 교회만 허락하게 되었다. 이때 요청받은 교회 가운데 시고꾸의 가모지마교회의 이또오 에이이찌로우 목사로부터 "꼭 들러 달라!"는 편지를 받았다. 그 교회 가까운 지역까지 가면서 거절하기는 매우 어려운 일이었다. 그러나 건강과 일정이 허락되지 않는 상황이었다.

사실 이또오 목사의 요청을 거절하는 것은 괴로운 일이었다. 2년 전에 집회를 섬기는 기회가 있었다. 그는 이 지역에서 개척전도를 한 결과 열기에 넘치는 기도하는 교회로 성장하고 있었다. 그 지역에 사는 어떤 사람은 이렇게 말할 정도였다.

"가모지마의 이또오 선생은 악치(惡痴)랍니다."

"악치라니요?"

"네, 음치(音癡)라는 말이 있는데, 이또오 선생은 악치랍니다. 그 선생의 눈에는 나쁜 인간은 없는 모양입니다."

그는 어떤 사람의 내면에서도 장점을 찾아내어 그것을 받아들이는 너그러운 사랑의 소유자였던 것이다. 그래서 시고꾸에서 으뜸가는 스마일 선생으로 소문났다. 그렇다고 그의 상황이 그렇게 웃을 만한 상황은 아니었다. 부인은 입원 중이었고 외아들인 마꼬도는 요양 중이었다. 그러니 마음이 얼마나 심란하겠는가? 그러나 그는 그리스도의 사랑에 매여 늘 웃는 얼굴로 지내고 있었다.

이러한 목사님이 계시는 교회에는 설령 초청이 없다 해도 봉사해드리고 싶었다. 그럼에도 불구하고 해야 할 일이 많이 남아 있었고, 심신도 허약해져 있던 형편이라서 어쩔 수 없이 먼저 허락한 일정만 마치고 돌아올 수밖에 없었다.

그런데 얼마 후 이또오 목사로부터 한 장의 엽서가 도착했다.

"주님의 풍성한 은혜 속에 축복을 받으시고, 더욱더 건강하시어 보람된 일을 해주시기를 기도드립니다. 부디 몸조심하시기를 진심으로 기원하옵니다. 언제나 이 사람을 위해 기도해주심 감사하기 짝이 없습니다. 차후에도 변함없이 돌보아주시기를 바라옵니다. 지난번의 이마바리의 집회에는 1천5백 명이 참석했고, 북규슈의 오구라에서는 1천8백 명이 참석했다는 소식을 그곳으로부터 듣고 마음으로부터 감사드리고 크게 기뻐했습니다. 참으로 수고 많으셨습니다. 깊이깊이 감사의 말씀 올립니다. 주님께서 두 분을 더욱더 보람된 일에 써주시도록 기도드립니다. 그럼 이만 줄입니다."

이 엽서를 받은 미우라 아야꼬 부부는 몇 번이나 되풀이해서 읽으면서 눈물을 흘렸다. 코 닿는 데까지 와서도 들르지 않고 돌아갔는데 어떻게 "마음으로부터 감사드리고 크게 기뻐했습니다. 참으로 수고 많으셨습니다. 깊이깊이 감사의 말씀 올립니다"라고 쓸 수 있단 말인가? 그래서 미우라 아야꼬는 "이 엽서는 고스란히 그대로 우리 집 가보로 남겨두어야겠다는 생각을 했다"고 말한다.

거절당한 것을 생각하면 불쾌해서 그렇게 할 수가 없었을 텐데 그 감정을 극복하고 선으로 대한 것이다. 평생 은혜로 살아간다고 확신하는가? 그렇다면 거절당한 불쾌감을 경험할 때도 오히려 감사로 반응해보라. 하나님이 일하시는 또 다른 경험을 하게 될 것이다.

## 실패는 감사를 위한 또 하나의 문이다

사람들은 실패를 두려워한다. 우리는 실패를 경험하게 될 때 좌절감을 느끼고 점차 냉소적이며 비판적으로 바뀌게 된다. 실패의 어두운 그림자에 자신을 방치해 두려고 한다. 일어설 생각도 하지 않고 희망을 찾으려고 하지도 않는다. 그렇기에 실패는 우리에게 고통을 가져다준다. 실패는 얽혀 있는 좋은 관계를 깨뜨리기도 한다. 실패는 모든 사람을 방문하고 실패 없이 성공한 사람도 없다.

실패에 대한 사람들의 반응 역시 다양하다. 더 깊은 실패로 이끄는 반응도 있지만 더 성장하고 성공하는 길목으로 안내하는 반응도 가능하다. 그래서 〈맨체스터 가디언〉 지의 기고자였던 윌리엄 보리소는 "인생에 있어서 가장 중요한 것은 수입을 늘리는 것만이 아니다. 정말로 소중한 것은 실패에서 오히려 이익을 얻어내는 것이다"

라고 말했다.

〈사운드 오브 뮤직〉이라는 영화에 나오는 여주인공은 선한 동기였지만 본의 아니게 수녀원의 규율을 어기게 되었다. 그래서 수녀원에서 쫓겨나게 되었다. 그녀는 하나님을 평생 섬기겠다고 서약하고 수녀원에 들어지만 자신의 소명이 좌절되는 순간이었다. 얼마나 슬픈 순간인가? 그런데 그 여주인공은 수녀원을 떠나면서 슬픔을 머금고 이런 말을 한다. "하나님께서는 하나의 문을 닫으시면서, 또 다른 하나의 문을 열어주신다."

사람들은 자신이 원하는 대로 일이 잘 풀리지 않을 때 원망하고 세상을 비판한다. 그러나 지혜로운 사람은 실패의 순간에 좌절의 문을 열지 않고 희망의 문을 열 준비를 한다. 불평의 문을 기웃거리지 않고 오히려 감사의 문고리를 잡는다. 그러면 인생이 바뀌는 경험을 하게 된다. 실패를 실패로 생각하지 말아야 한다. 실패를 해도 낙망하지 않는 사람은 반드시 다시 성공할 수 있으니까.

베스트셀러 작가이자 몇몇 대학에서 리더십을 강의하고 수많은 조직의 컨설턴트로 활동하고 있는 찰스 C. 만즈는 "사람들은 내가 성공보다는 실패를 훨씬 더 많이 경험했다는 사실을 모르고 있다"라고 말한다. 그는 12권의 책을 출판했고, 100개 이상의 논문을 발표했으며, 전공분야에서 많은 수상 경력을 가지고 있다. 그의 책 「슈퍼리더십」은 베스트셀러가 되기도 했지만 사람들은 그의 책이 베스트셀러가 된 결과만을 가지고 평가한다. 그런데 그는 책을 집필하면서 얼마나 많은 문장을 고쳐야 했는지 모른다. 그가 이 책을 출판하기까지는 약 30군데의 출판사로부터 출판을 거절당하는 쓰라린 경험도 가지고 있다.

사실 「슈퍼 리더십」은 세상에 얼굴을 내밀지 못할 뻔했다. 그가 MIT나 하버드대학교에서 교수로 강의하는 것만 보는 사람들은 그가 얼마나 많은 시련과 고통을 가지고 있는지 모른다. 그는 교수로 활동하기 시작할 무렵 일자리를 찾기 위해 거의 모든 전문대학을 찾아다녔다. 보따리 장사도 마다하지 않았다. 짧은 경력으로는 일거리를 찾기가 쉽지 않았다. 그가 보낸 원고는 셀 수 없이 많은 거절을 당했고 수많은 학생이 그의 강의 스타일을 좋아하지 않았다. 많은 CEO가 그의 컨설턴트는 별로 도움이 되지 않는다고 고백했다.

그는 이렇게 말했다. "내가 진정 믿고 있으며 말하고 싶은 것은 내 성공의 대부분은 실패를 기꺼이 받아들이고, 계속적으로 반복하며, 현명하고 즐겁게 실패하고자 했던 내 모습이라는 사실이다." 프랑스 격언에 "단지 아무것도 하지 않는 자만이 실수하지 않을 수 있다"는 말이 있다. 실수나 실패를 두려워하지 말아야 한다. 우리가 경험하는 모든 실패는 그 자체로 끝나는 것이 아니라 성공으로 나아가는 과정으로 이해해야 한다.

평생 은혜로 살아가는 여정 속에서도 때로는 우리가 원치 않는 일들을 경험하게 된다. 그때는 모든 길이 막힌 것처럼 느껴진다. 그런데 정신을 차리고 살펴보면 하나의 문이 닫혀졌다면 또 다른 문이

열려 있는 사실을 발견하게 된다. 아무리 절망적인 상황에서도 모든 문이 닫혀져 있지는 않다. 다른 문을 찾아야 한다. 다른 문을 찾기만 한다면 인생에 또 다른 희망이 절망을 이기게 할 것이다.

실패를 정직하게 인정하고 겸허하게 받아들이며 실패의 과정에서 다가오는 고통을 참고 인내해야 한다. 인내심이야말로 우리가 가야 할 새로운 문을 찾게 만든다. 우리에게 중요한 것은 실패로부터 성공으로 나아갈 수 있는 교훈을 얻고 노력하는 태도이다.

대나무는 씨앗을 심은 후 첫 4년 동안은 하나의 죽순 빼고는 아무것도 보이지 않는다. 그 4년 동안 모든 성장은 땅 속에서 이루어진다. 그동안 섬유질의 뿌리구조가 형성되어 땅 속으로 깊고 넓게 퍼져나간다. 그리고 나서 5년째 되는 해 대나무는 25센티미터 높이로 자란다.

유명한 경구를 다시 한번 기억하자. "인내는 쓰다. 그러나 그 열매는 달다." 멈추지 않는 은혜의 행진에도 실패와 고통의 터널은 펼쳐진다. 그때 다시 떠오를 찬란한 햇빛을 바라보며 인내하는 자는 언제나 감사의 미소를 머금을 수 있다.


## 위기는 감사를 만드는 하나님의 기회다

남미 볼리비아에서 8년 동안 선교하셨던 정만섭 선교사

란 분이 있다. 이분은 20년간의 국내 목회를 청산하고 하나님께 했던 서원을 지키기 위해 볼리비아로 떠났다. 앞으로 의료선교에 헌신하기로 서원하고, 의대와 치대를 다니던 두 딸과 더불어 감사함으로 선교에 진력했다.

그런데 갑자기 급성 골수성 백혈병 진단을 받고 치료하기 위해 귀국해야만 했다. 볼리비아에서 목회자 재교육, 대학생 다락방, 어린이 공부방 등의 사역에 주력해왔다. '선교는 당대에 끝나서는 안 된다'는 생각으로 사역 중심점을 마련하기 위해 기독교센터를 건립 중에 쓰러지고 말았던 것이다.

항암치료에 들어가면 40일 동안 무균실에 들어가야 한다. 1억 원 정도의 병원비가 들어갈 것으로 예상하지만 돈도 없는 형편이었다. 단지 기도만 할뿐이었다. 이런 인생의 위기에서도 여전히 감사할 수 있겠는가? 이런 삶을 가리켜서 행복한 인생이라 말할 수 있겠는가?

우리는 위기를 싫어한다. 사실 위기가 반가울 리 없다. 그래서 피할 수만 있다면 위기는 피하고 싶고 그 근처에서 도망치고 싶다. 그러나 위기 없는 인생은 없다. 위기 없는 성공도 없다. 사람들은 위기 속에서 또 다른 희망의 꽃을 피워왔다. 그렇기에 "위기는 감사를 빼앗아간다"는 말은 사탄의 달콤한 유혹의 목소리일 뿐이다. 다시 외치라. "위기는 감사를 만들 수 있는 하나님의 기회"라고.

어느 부부가 느지막이 결혼했다. 노총각, 노처녀로 만났기 때문에 이들은 결혼하자마자 기도하면서 아이를 기다렸다. 기도 중에 드디어 아들을 낳았다. 얼마나 기뻤을까? 그런데 태어난 아이가 자폐증을 가진 장애아였다. 얼마나 실망이 컸을까? 아내는 실망과 충격에서 벗어날 수 없었다. 눈물로 하나님을 원망했다.

"도대체 왜 하필이면 이런 아들을 주셨습니까!"

그러던 어느 날, 남편은 아내에게 진지한 목소리로 말했다.

"여보, 나도 그동안 이 아이 때문에 가슴을 치며 기도했소. 그런데 하나님이 이렇게 말씀하셨어요. '이 아이는 하나님이 깊이 생각하시다가 당신과 내가 아니면 안 될 것 같아 우리에게 맡기신 선물'이라고."

이때부터 부부는 다신 하나님을 원망하지 않고 아이를 기쁨으로 키우게 되었다.

사도 바울은 고린도 교인들에게 편지하면서 자신에게 살 소망까지 끊어져서 사형선고를 받은 심정이었던 때가 있었다고 고백했다(고후 1:8-9 참조). 깊은 절망감에 사로잡히는 고통의 순간이었다. 절망적인 상황에 빠지기는 했지만 결코 절망감에 사로잡히지는 않았다. 그는 평생 은혜를 확신했기에 절망이 희망으로 바뀔 수 있음을 확신하는 긍정적인 성격으로 살았다. 최악의 상황에서 최상을 바라보는 사람이 바로 믿음의 사람이 아닌가!

존 F. 케네디는 "큰 위기는 우리를 큰 희망을 갖고 살아가는 큰 사람으로 만드는 기회이다"라고 말했다. 지금 당신에게 절망적인 상황이 닥쳐왔는가? 절망하라! 그러나 절망감에 빠지지는 말자! 절망 속에서 은혜 베풀기를 잊지 않으시는 하나님을 바라보라. 죽은 자를 살리시는 하나님을 의지하라! 하나님은 절망 속에 피어나는 희망의 불씨이다. 불씨는 꺼진 것이 아니라 우리가 발견하지 못하는 것일 뿐이다.

감사를 잃고 싸늘한 마음으로 죽지 못해 살아가는 사람이 있는가? 매일 반복되는 권태로운 생활에 삶의 활력을 잃은 채 살아가는 사람이 있는가? 때때로 우리에게는 수르 광야의 목마른 경험이 찾아올 것이고, 행복을 찾았는가 싶은데 마라의 쓴물이어서 더 낙심될 때도 있다. 그러나 '불평' 씨와 '불만' 씨에게 마음을 빼앗기지 말아야 한다. 절망의 불청객을 밀어내고 '감사' 씨와 '희망' 씨를 맞이해야 한다.

지금도 하나님은 마라의 쓴물을 단물로 바꾸신다. 조금만 참고 기다리면 쉴만한 물가가 기다리고 있다. 설혹 상황은 바뀌지 않더라도 믿음 안에서 마음과 영혼의 안식을 누리게 하시는 분이다. 믿음의 사람에게는 위기마저도 감사가 될 수 있다. 그러니 가슴에서 잃어버린 감사를 다시 회복해서 행복한 삶의 축제를 즐겨야 한다.


## 감사 결핍이 아닌 결핍 감사의 힘

사람들은 이런저런 이유로 인해 불평이 많다. 그래서 상대방을 탓하고 비난한다. 그런데 마음을 조금만 달리해보면 좀 더 아름다운 세상을 만들 수 있다. 김장환 목사는 '행복해지는 습관'에 대해 이렇게 말한다.

못생기고 모양 없다고 흉보지 마세요.
그를 지으신 분이 그렇게 만드신 것일 테니까요.
화를 잘 낸다고 나무라지 마세요.
일 때문에 피곤하고 신경이 예민하면 그럴 수도 있잖아요.
매일 늦는다고 수군거리지 마세요.
일이 많아 바빠서,
그리고 전화 통화를 하다 늦을 수도 있잖아요.
설사 한가했더라도 나무라지 마세요.
시계를 보지 않다가 늦을 수도 있잖아요.
무식해서 아무것도 모른다고 멸시하지 마세요.
배울 수 있는 길이 제한되어 못 배웠을 수도 있잖아요.
인색하고 없다고 미워하지 마세요.
경제적으로 시달릴 때를 염려하여 절제하다보니
그럴 수도 있잖아요.
나를 이해하고 변호하듯 다른 사람들을 이해해주세요.
그럴 수도 있다고 생각해주세요.
정말 그럴 수 있으니까요.

그렇게 생각할 때 마음의 평안이 생깁니다.

사는 맛도 나고요.

매일매일 순간순간이 감사할 것입니다.

미움은 당신의 얼굴에 주름 하나만 늘게 할 뿐이니까요.


감사 결핍은 흔한 현상이지만 결핍 감사는 찾아보기 힘들다. 오늘날 많은 사람에게서 감사가 결핍된 현상을 흔히 볼 수 있다. 그러나 없는 가운데서도 감사하는 사람들은 그리 흔하지 않다. 위대한 것은 감사 결핍이 아니라 결핍 감사이다. 세상은 결핍된 상황 가운데서도 감사하는 사람들에 의해 아름답게 변해간다. 사람은 누구나 풍요롭고 배가 부를 때 만족한다. 결핍되었을 때는 불편하고 짜증스럽기 마련이다. 그런데 믿음의 사람은 바로 결핍되었을 때 여느 사람과 다르게 반응한다.

선지자 하박국은 "비록 무화과나무가 무성하지 못하며 포도나무에 열매가 없으며 감람나무에 소출이 없으며 밭에 먹을 것이 없으며 우리에 양이 없으며 외양간에 소가 없을지라도 나는 여호와로 말미암아 즐거워하며 나의 구원의 하나님으로 말미암아 기뻐하리로다"(합 3:17-18)라고 고백한다. 하박국 선지자는 불편한 마음을 가지고 질문으로 시작했다. 그러나 찬양과 감사로 마무리를 짓고 있다. 그 찬양과 감사의 근원은 결핍된 현실에서도 구원의 하나님을 바라보는 것에 있다.

영국의 유명한 설교자 윌리엄 생스터 목사님이 어느 날 병원에 입원한 한 소녀를 심방했다. 의사들이 그 소녀의 시력을 회복시키려고 수술했지만 실패하고 말았다. 소녀는 생스터에게 괴로운 마음으로 말했다.

"하나님께서 내 시력을 빼앗아가시려고 해요."

잠시 침묵이 흘렀다. 목사님은 사랑이 담긴 마음으로 권면했다.

"하나님이 빼앗아가시게 하지 말고 그분께 먼저 드리렴."

생각해보면 우리가 가진 것 가운데 나의 것은 아무것도 없다. 모두가 하나님의 것이다. 하나님의 것을 임대해 쓰는 것이나 마찬가지다. 그렇기에 하나님께서 필요하시다고 할 때 우리는 아낌없이 내드려야 한다. 그런데 사람들은 빼앗겼다고 말한다. 하나님이 안주셨다고 말한다. 그래서 원망한다. 그러나 우리가 가진 것들이 나의 소유가 없었음을 기억해야 한다. 그러면 결핍함에 대해 자유로워질 수 있을 것이다.

한 50대 사업가가 심각한 위궤양을 앓았다. 그는 매일 병원에 다니면서 배에 고무호스를 집어넣었다. 의사는 치료불가를 선언했다. 사업가는 병실에서 곰곰이 생각했다.

'기왕에 죽을 바에야 평생의 소원인 세계 일주나 해보자!'

사업가는 모든 재산을 교육기관에 기부한다는 유서를 남겼다. 그리고 가족과 의사의 만류를 뿌리치고 여행을 떠났다. 그는 모처럼의 여유를 즐기며 이국의 아름다운 풍경에 흠뻑 취했다. 그리고 원주민들의 현란한 춤에 매료되었다. 쥐고 있던 것들을 모두 놓아버리니 홀가분한 기분이 들어 맘껏 즐겼다. 그런데 놀랍게도 3개월의 여행을 마치고 귀가했을 때 그의 체중은 5킬로그램이나 더 불어 있었으며 병도 나아 있었다.

심장병, 고혈압, 위장병의 원인은 근심과 긴장과 증오이다. 미국 의학계의 발표에 따르면 "의사가 농부보다 심장병에 걸릴 확률이 20배나 더 높다"고 한다. 하나님의 은혜 안에서 마음 편하게 살아가는 것이 훨씬 더 건강하게 살아가는 비결이다. 좀 불편하면 어떤가? 더 큰 것을 잃지 않은 것만 해도 감사하지 않은가? 결핍된 가운데서도 감사하는 사람은 잃은 것도 다시 얻는 기적을 체험할 수 있다. 하나님은 감사하는 사람에게 결핍을 풍족하게 해주는 기적을 경험하게 하실 것이다.

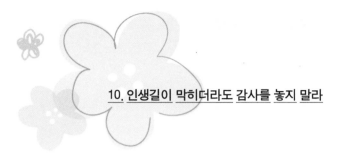

## 10. 인생길이 막히더라도 감사를 놓지 말라

파스칼은 프랑스의 천재 수학자이자 물리학자이며, 사상가이자 신학자이기도 하다. 그는 선천적으로 허약한 몸을 갖고 태어났을 뿐만 아니라 과도한 연구로 건강을 잃기도 했다. 그래서 종종 심한 복통과 두통을 호소했다. 그런데 엎친 데 덮친 격으로 결핵성 복막염을 앓는 환자이기도 했다. 파스칼의 39년 인생 중 건강을 유지한 횟수는 고작 2년에 불과했다고 한다.

그럼에도 불구하고 그는 세계적인 과학자이자 수학자며 사상가로 기록되고 있다. 그는 절망적인 상황에서도 낙담하지 않았기 때문이다. 그런 삶은 우연히 찾아온 게 아니었다. 그에게는 분명한 신앙 노선이 구획되어 있었다.

"내가 찾고 구하는 것은 하나님뿐입니다. 육체의 병이 영혼의 약이 되었고. 내가 아는 지식은 단 하나, 주님을 따르는 것은 선이요, 주님을 거역하는 것은 악입니다."

파스칼은 건강이 극도로 악화된 상태에서 착상이 떠오르면 메모를 해두었다. 그는 5년간 9백 24개의 주옥같은 단상을 남겼다. 이것이 바로 그 유명한 「팡세」이다. 생각하기 나름이다. 질병은 신체의 장애일 뿐이지 결코 의지의 장애는 아니다. 그 어떤 환자도 창조적 도전으로 위대한 인생을 살 수 있다.

"참된 행복을 찾다가 결실을 맺지 못한 채 피곤하고 지친 상태가 되는 것도 유익한 일이다. 이로 인해 우리는 구세주에게 팔을 뻗고자 할 것이기 때문이다."

파스칼이 말했듯이 인간은 생각하는 갈대이다. 인간은 갈대처럼 바람에 이리저리 흔들리는 연약한 존재이다. 그러나 인간은 '생각함'을 통해 약하고 비참한 삶을 극복하며 영원한 진리에 이를 수도 있다. 평생 은혜에 눈을 뜨고, 절대 감사의 신앙으로 인생의 막힌 담을 대한다면 뚫리지 않을 담은 없을 것이다.


# 막힐 때 하나님의 은혜를 기억하라

무엇을 간절히 하고자 하는데 '꽉 막혀' 본 일이 있는가? 그때 기분이 어땠는가? 때로는 목회를 하다보면 이런 경험을 자주 한다. 무엇인가 목회에 필요를 느껴 기도하고 생각하며 어떤 프로젝트를 실시한다. 그런데 당회를 거치는 과정이나 또 다른 상황으로 막히는 경우가 잦다. 그럴 때면 서로 감정적인 대립 내지는 앙금까지 남게 된다. 이렇게 일상에서 '막힘'은 우리 마음과 영혼을 괴롭힌다.

석유왕 존 D. 록펠러는 출장갈 때마다 행운이 따르는 것 같았다. 어느 일요일이었다. 오일 크리크에 석유통을 정박해놓은 정유업자들은 폭풍이 몰아치자 석유통이 상할까봐 어쩔 줄을 몰랐다. 하지만 록펠러는 이들과는 달리 교회에서 기도를 드렸다. 그런데 놀랍게도 폭풍에 손상되지 않은 석유통은 록펠러의 것뿐이었다.

록펠러가 스물여덟 살이었을 때였다. 한번은 아내와 큰딸이 뉴욕으로 휴가를 오기로 했다. 그래서 기차역에서 만나기로 하고, 먼저 짐은 역으로 보냈다. 당시 록펠러는 전날부터 인근 도시에 출장중이었는데, 그때 갑자기 아내와 큰딸에게 일이 생겨서 결국 집에서 출발할 수 없게 되었다.

록펠러는 얼른 역으로 가보았지만 기차는 이미 출발한 뒤였다. 어쩔 수 없이 그는 다음 기차를 타야했다. 그런데 이게 웬일인가? 먼저 출발한 기차가 충돌사고로 불이 났고 그가 붙인 짐은 전소되었다. 그러나 얼마나 다행인가? 가족들은 무사하게 되었으니.

평소 록펠러는 출장 중에 그의 아내 로라에게 많은 편지를 썼다.

그는 회사 상호가 새겨진 편지지에서 전보 뒷면에 이르기까지 종이를 가리지 않고 손에 잡히는 대로 편지를 썼다. 이때도 역시 서둘러 아내 로라에게 편지를 썼다. 그 편지의 내용은 이렇다.

사랑하는 당신에게.

어제 오후 4시에 이곳에 도착하였소. 옷과 세면도구를 사고 나서 윌 앤 미라를 방문하여 아주 즐거운 시간을 보냈소. 크리스마스 선물은 사고가 날 때 타버렸소. 친구들은 내가 짐 가방과 함께 차에 있지 않은 것이 천만다행이라고 했소. 처음으로 기차에서 내렸을 때도 그랬지만 이번 일도 하나님의 은혜라 생각하고 싶소. 편지로는 오늘의 사고를 자세히 이야기할 수가 없소. 다음 수요일에 되도록 일찍 당신과 대화할 수 있기를 바라오.

식구들은 모두 잘 있으리라 믿소. 가족과 함께 저녁시간을 갖고 싶구려. 18일 저녁 6시에 옹골라에서 전보를 쳤소. 당신과 베시가 집에 있었다는 게 정말 다행이오. 제시간에 역에 도착했더라면 우리는 불에 탄 그 기차 안에 있었을 뻔했으니 이것 정말 감사한 일이 아닐 수 없소.

당신에게 키스를 보내며….

**우리는 때때로 일이 막힐 때 조바심이 나고 힘든 감정을 주체하**

기 힘들다. 그래서 불평을 털어놓기도 하고 다른 사람이나 상황을 탓하기도 한다. 그러나 어떤 상황에서도 일하시는 하나님의 은혜를 신뢰한다면, 조금만 더 생각해보면 그 속에서도 감사할 일이 발생한다. 하나님은 록펠러에게 일이 막힘으로써 자신과 가족의 생명을 보존하게 하셨다. 당시 상황에서는 발을 동동 구를 수 있다. 그러나 하나님은 우리의 좋지 않은 상황을 통해 자신의 살아계심을 증명해보이시고, 자기 자녀를 얼마나 사랑하고 계시는지를 증명해주신다.

그렇기에 평생 은혜를 소망하며 살아가는 우리는 때로는 일이 잘 안 되고 막히는 그때에도 감사해야 한다. 하나님은 우리의 삶을 다 알고 계시고 책임지고 계신다. 인간의 짧은 시야에서 함부로 판단하고 결정하지 말고, 하나님께서 주신 상황이 최선의 상황임을 고백해야 한다. 인간의 눈으로 볼 때는 최악의 상황일지라도 하나님의 관점에서는 최선이 될 수 있다.


## 없다는 건 불편이지 불평이 아니다

탈무드에 이런 이야기가 나온다.

어느 날, 여우 한 마리가 포도밭 울타리 곁에서 어떻게든 포도원 밭으로 들어가려고 애를 썼다. 그런데 도무지 울타리를 뚫고 포도원으로 들어갈 수가 없었다. 궁리 끝에 겨우 방법을 찾아냈다. 여우는 사흘 동안을 굶기로 했다. 몸을 홀쭉하게 만든 다음에 울타리 틈새를 뚫고 들어가겠다는 심산이었다. 결국 성공했다.

어렵사리 포도원을 들어간 여우는 원 없이 포도를 실컷 따먹었다. 그런데 이게 웬일인가? 이제 포도원을 빠져나와야 하는데 배가 불러서 빠져나올 수가 없지 않은가? 결국 여우는 또다시 사흘 동안 굶기 시작했다. 그리고 몸을 홀쭉하게 만든 다음에야 간신히 포도원을 빠져나올 수가 있었다. 울타리를 가까스로 빠져나온 여우는 말했다.

"결국 배고프기는 들어갈 때나 나올 때나 다를 것이 없군!"

그렇다. 인간은 누구나 빈손으로 왔다가 빈손으로 가는 법이다. 여기서 예외는 없다. 그렇기에 이 세상에 지나친 애착을 갖거나 미련을 갖는 것은 어리석은 짓이다. 탈무드는 교훈한다.

"사람이 죽은 뒤에는 가족과 부귀와 선행 등 세 가지를 이 세상에 남기게 된다. 그렇지만 이 세 가지 중 선행 이외의 것은 별로 가치가 없는 것이다."

가족도 두고 간다. 부귀도 두고 간다. 다만 선행을 베푼 것만이 남는 것이다. 그렇다면 무엇을 그리 욕심낼 것이 있는가? 없다고 그렇게 입이 나오도록 불평할 일도 아니다. 어차피 빈손으로 왔던 인생이고 빈손으로 돌아갈 인생인데. 다만 있는 것으로 선한 일에 부자가 되는 것이 가치 있는 삶이다.

충현교회에서 부목사로 섬길 때 청각장애를 가진 목사님 한 분이 계셨다. 연세대학교를 다니다가 불의의 사고로 인해 말이 어눌하게 되었고 청각을 완전히 상실하게 되었다. 그러니 대인관계도 불편할 뿐더러 의사소통이 어려울 수밖에 없었다. 죽고 싶은 고비를 수없이 넘긴 끝에 신학을 하게 되었고, 급기야 목사가 되었다.

그는 충현교회에서 농아나 지체장애자들을 대상으로 사역하는 에바다부에서 섬겼다. 어느 날, 수요 낮예배에서 설교를 하기 위해 준비하고 있는 중에 잠깐 대화를 나누게 되었다.

그가 먼저 말을 꺼냈다.

"나는 하나님께 감사합니다."

상대적으로 많은 것을 가진 나는 이상해서 물었다.

"무엇이 그리 감사한데요?"

그는 이내 웃으며 말했다.

"말을 못하고 들을 수 없으니 사람들이 하는 부정적인 말들을 듣지 않아서 좋아요. 그리고 주변에서 아무리 시끄러워도 방해받지 않고 내 할 일에 집중할 수 있으니 얼마나 감사합니까?"

듣고 보니 정말로 그랬다. 말 많은 세상에 더러운 말을 듣지 않고 좋은 생각만 할 수 있으니, 그 영혼이 얼마나 깨끗한가? 하나님과만 온전히 교제를 나눌 수 있지 않은가? 복잡한 세상, 분주한 일들이 좀 많은가? 아무리 주변이 복잡하게 돌아가도 상관없이 자기 일에 몰두할 수 있다.

'없다'는 건 불편하다. 그러나 불평하기 전에 한 번 더 생각해보

자. 사람들은 상대적인 박탈감과 빈곤 속에서 살아가는 게 아닌가? 따지고 보면 그렇게 가난하지도 않다. 실제는 예전보다 훨씬 더 많은 것을 누린다. 먹을 것이 없고 입을 것이 없던 절대적인 빈곤의 시대가 있었다. 그래도 행복했다. 왜? 마음이 넉넉했기 때문에. 그런데 지금은 그럭저럭 살기 괜찮은데도 왠지 짜증스럽고 불평스럽다. 그래서 사람들의 이마 인상이 좀처럼 펴지지 않는다.

그런데 알고 보면 우리 주변에는 없으면서도 넉넉한 마음으로 기쁨과 감사로 가득한 마음을 갖고 사는 사람이 많다. 그들 앞에 서면 넉넉한 우리네 삶이 미안할 정도이다. 그런데 이들 얼굴에 나타나는 웃음은 사뭇 다르다. '없다'는 건 분명히 불편하다. 없는 게 죄는 아니다. 없는 게 반드시 불행의 조건도 아니다. 우리가 불행하게 느끼고 살아가는 것은 단지 내 안에 그러한 마음으로 조건화시켜 놓았기 때문이다. 평생 하나님의 은혜가 나를 떠나지 않는다면 조금 없는 것 때문에 세상을 부정적으로 볼 필요가 없다.


# 나의 약함은 하나님이 일하실 기회다

하나님은 자주 약함을 통해 일하시고 약한 자를 사용하신다. 그렇다면 가난하다고, 무식하다고, 약하다고 이런저런 핑계를 둘러대지 말아야 한다. 하나님은 못 배우고 연약한 사람도 얼마든지 사용하시니까. 하나님은 가난해도, 약해도 감사하는 마음으로 하나님의 뜻을 구하려는 사람을 즐겨 사용하신다. 무디는 구두 수선공이었다. 그러나 하나님은 그를 위대한 전도자로 사용하셨다.

우리에게 필요한 것은 단지 '세상보다 하나님을 더 크게 보는 눈'이다. 다윗은 거대한 골리앗보다 하나님을 더 크게 보는 눈을 갖고 있었다. 여호수아와 갈렙 역시 그랬다. "갈렙이 모세 앞에서 백성을 조용하게 하고 이르되 우리가 곧 올라가서 그 땅을 취하자. 능히 이기리라 하나"(민 13:30).

위대한 설교자 찰스 스펄전은 이런 말을 했다. "하나님은 모든 것을 다 하실 수 있습니다. 성도여, 그대가 전능하신 하나님의 대양(大洋)을 다 마셔 비울 때까지, 혹은 높이 치솟은 전능하신 그 능력의 산들을 산산조각으로 부수어 놓을 때까지 그대는 결코 두려워할 필요가 없습니다. 인간의 힘은 하나님의 힘(능력)을 절대로 이길 수 없습니다. 지구를 그 궤도에서 돌게 하시는 바로 그 같으신 하나님께서 그대에게 매일매일 힘을 주시겠다고 약속하셨습니다."

스펄전은 청교도 신앙으로 무장한 복음적인 가정에서 태어났다. 그래서 성경 말씀을 절대적인 진리로 믿는 신앙심 깊은 부모 밑에서 어린 시절을 보냈다. 특히 어머니는 자주 무릎을 꿇고 그를 품에 꼭 안고서 기도하곤 하셨다. 학창시절 그는 내적 갈등과 번민으로 밤을 지새웠다. 그의 고민은 "예수께서 우리의 죄 때문에 십자가에 못 박히셨다"는 사실을 이해할 수 없었기 때문이었다.

1850년 1월, 스펄전은 눈보라가 몰아치는 가운데 교회를 가게 되었다. 그러나 이날은 폭우로 인해 목사가 오지 못하고 대신 어느 구두 수선공이 말씀을 전하게 됐다. 그때 전한 말씀의 제목은 "나를 바라보라. 그리하면 너희가 구원을 얻으리라"였다.

구두 수선공은 이날 설교에서 다음과 같은 말을 남겼다.

"보는 것은 고통이 따르지 않습니다. 손과 발을 움직일 필요가 없습니다. 단지 바라보기만 하면 됩니다. 사람들은 대개 자기 자신을 바라봅니다. 그리고 하나님을 의지하려 합니다. 그러나 지금 이 순간 예수님은 '나를 바라보라'고 하십니다."

얼마 후 설교자는 스펄전을 가리키며 말했다.

"젊은이여, 예수 그리스도를 바라보시오! 당신이 할 일은 예수님을 바라보며 사는 것뿐입니다."

이 말을 들은 스펄전은 자신이 구원받았음을 확신했다. 그는 자리에서 뛰쳐나가고 싶었다. 그는 마음속으로 다음과 같이 되새겼다.

"나는 용서받았다. 한량없는 은총이요, 죄인이 주님의 피로 구원을 받았다! 나의 영혼은 쇠사슬이 끊기는 것을 보았다. 나는 자유로워진 영혼이요, 천국의 상속자이며 용서받은 자요, 예수 그리스도의 부르심을 받은 자이다. 나는 더러운 진흙과 끔찍한 지옥으로부터 건져 올림을 받았고, 나의 발은 단단한 바위 위에 서 있으며, 나의 앞길도 탄탄히 다져졌다는 것을 알게 되었다."

그는 즉시 세례를 받고 하나님께 헌신할 것을 맹세했다. 하나님은 위대한 설교자 스펄전을 탄생시키는 데 무명의 구두 수선공을 사용하셨다. 얼마나 경이로운 일인가? 그래서 존 파이퍼 목사는 말한다. "우리의 감사는 하나님께서 주시는 분이요, 은혜를 베푸시는 분임을 인정하는 것이다." 그는 계속해서 말한다. "하나님은 우리에게 굉장한 것을 요구하신다. 그러나 그 요구는 우리가 하나님처럼 위대하게 되는 것이 아니라 위대해지려는 노력을 포기하고 자신의 약함을 있는 그대로 인정하라는 것이다."

제임스 디 멜로라는 사람은 20대에 이런 기도를 드렸다.

"주여, 이 세상을 뒤집어 변화시킬 수 있는 힘을 주소서!"

얼마나 대단한 기도인가?

그러나 30대에 드린 기도는 이랬다.

"주여, 내가 만나는 사람들을 변화시킬 수 있는 힘을 주소서!"

그렇다면 40대 때에 드린 기도는 어떠했을까?

"주여, 내 가족을 변화시킬 수 있는 힘을 주소서!"

그가 50대 때에 드린 기도는 또 달랐다.

"주여, 나 자신을 변화시킬 수 있는 힘을 주소서!"

위대한 발견은 자신이 약한 존재임을 깨닫는 것이다. 그리고 본인이 변해야 할 존재인 것을 아는 것이다. 자신의 약함을 탓하지도 불평하지도 말자. 내가 가지고 있는 약함은 부끄러운 것이 아니라 하나님이 일하실 기회를 잡는 것이다.

# 두 팔로 안아주시는 하나님의 은혜

어느 초신자가 공사현장 4층에서 떨어졌다. 정말이지 아찔한 순간이었다. 떨어진 후 손발을 움직였다. 아무런 이상이 없었다. 몸을 움직여 보았다. 역시 괜찮았다. 다리가 좀 불편하고 얼굴이 좀 아팠다. 그래도 일어나 해야 할 일들을 처리했다. 다음 날 병원에 가서 검사를 했더니 별 이상은 없었다. 얼굴에 난 상처 때문에 가벼운 수술을 했다. 그래서 며칠간 병원에 입원해 있어야만 했다.

그런데 며칠 지나면서 머리가 깨질듯이 아파왔다. 다시 검사를 했다. 머리에 피가 조금 고여 있었다. 상황을 봐서 수술을 해야 할지, 아니면 주사로 약물처리만으로 끝날지는 경과를 좀 지켜보면서 결정하겠다고 했다.

어느 날, 병원으로 교회에서 심방을 왔다. 갑자기 담임목사님을 비롯한 교인들이 들어서자 놀라면서도 병실에서 반갑게 맞았다. "대심방 하시느라 바쁘신데 죄송합니다"라고 웃으면서 간증을 했다.

"목사님, 너무나 감사합니다."

담임목사님은 놀라서 물었다.

"다쳐서 병원에 있는 분이 뭘 그렇게 감사합니까?"

"목사님, 하나님께서 저를 이렇게 받아주셨어요"라고 하면서 두 손으로 안아주는 흉내를 냈다. 진심어린 감사였다.

사실 생각할수록 아찔한 상황이 아닌가? 자그마한 돌 하나만 놓여 있었어도 척추를 다쳐 평생 누워 있어야 할 상황이 될 수도 있었다. 그런데 이 정도로 끝나게 하신 것이 얼마나 감사한 일인가?

그 말을 옆에서 듣고 있던 부인이 빙그레 웃으면서 말했다.

"내가 하나님께 당신과 어깨를 나란히 하고 앉아서 예배드릴 수 있게 해달라고 기도해서 하나님께서 응답해주신 거예요."

사실 몇 년 전에도 남편은 팔을 다친 적이 있었다. 그때 열심을 내더니 식어진 신앙생활을 다시 하고 있는 중이었다. 아내가 하는 말을 듣고 있던 남편은 웃으면서 말했다.

"당신이 어깨를 나란히 하고 예배드릴 수 있게 해달라고 기도해서 이런 일이 생겼지. 그렇게 기도하지 말고 마음을 나란히 하고 예배드리게 해달라고 기도했으면 더 좋았지 않았겠어요?"

그들 부부는 하나님이 지금 베푸신 은혜만으로도 감사할 따름이었다.


우리가 아무리 애써서 자신을 지킨다고 해도 한계가 있음을 고백한다. 우리가 자식을 사랑해서 안간힘을 써서 보호하려고 하지만 역부족임을 인정한다. 아이들은 부모가 한눈을 파는 순간에 엉뚱한 행동을 해서 사고를 저지른다. 그래서 우리는 "아이를 하나님의 품에 맡깁니다"라고 고백한다.

이 비밀을 알고 있던 시편 기자는 이렇게 아름다운 신앙 간증을 노래했다. "내가 산을 향하여 눈을 들리라. 나의 도움이 어디서 올까. 나의 도움은 천지를 지으신 여호와에게서로다. 여호와께서 너를 실족하지 아니하게 하시며 너를 지키시는 이가 졸지 아니하시리로다. 이스라엘을 지키시는 이는 졸지도 아니하시고 주무시지도 아니하시리로다. 여호와는 너를 지키시는 이시라. 여호와께서 네 오른쪽에서 네 그늘이 되시나니 낮의 해가 너를 상하지 아니하며 밤의 달도 너를 해치지 아니하리로다. 여호와께서 너를 지켜 모든 환난을 면하게 하시며 또 네 영혼을 지키시리로다. 여호와께서 너의 출입을 지금부터 영원까지 지키시리로다"(시 121:1-8).

우리가 살아가는 데 삶을 위협하는 일이 얼마나 많은가? 질병이 위협하고, 예기치 않은 사건들이 매복해 있으며, 우리를 해하려는 악한 사람들도 도사리고 있다. 특히 사탄은 믿는 사람들을 해하기 위해 두루 다니며 기회만 보고 있다. 이런 상황에서 어떻게 우리가 건재하게 살아갈 수 있단 말인가? 그러나 자신도 책임질 수 없는 삶을 평생 은혜를 베푸시는 하나님께서 책임져주신다. 그래서 우리는 안심하고 살아간다. 그리고 감사한다.

하나님은 이스라엘 백성들을 애굽의 노예생활에서 해방시키실 뿐만 아니라 광야를 거니는 동안 그의 든든한 팔로 안아서 안전하게 옮겨주셨다. "흑암과 사망의 그늘에서 인도하여 내시고 그 얽어 맨 줄을 끊으셨도다. 여호와의 인자하심과 인생에게 행하신 기적으로 말미암아 그를 찬송할지로다"(시 107:14-15). 백성들을 향한 하나님의 은혜와 돌보심의 행진은 오늘도 끊임없이 계속된다. 평생토록.

# 변함없이 공평하신 하나님께 감사하라

어느 날, 한 여인이 산통을 겪고 있었다. 의사의 부주의로 아기의 뇌를 집게로 잘못 건드려 아이는 태어나면서 소뇌를 다쳤다. 태어난 아기는 울지도 못하고 몸을 가누지도 못했다. 여물지 못한 계란처럼 아기 머리가 만지는 대로 푹푹 들어가 만질 수도 없었다. 그녀는 태어날 때부터 깨진 질그릇이었다.

그녀의 집안은 너무나 가난했다. 그래서 뇌성마비로 태어난 아기에게 아무것도 해줄 수가 없었다. 아버지는 약한 몸을 가진 데다 술과 담배와 과로로 병이 들었다. 그리고 어머니 역시 몸이 약해 아기에게 젖도 먹이지 못하고 우유도 사 먹이지 못했다. 쌀가루 끓인 물만 아기에게 억지로 떠먹이곤 했다.

얼마나 비참한 출생인가? 그래서 그녀는 자신의 어린 시절의 고통을 이렇게 말한다.

"나는 일곱 살까지도 누워만 있다가 업으면 머리가 등 뒤로 고꾸라져서 허리가 빠지고 목이 꺾일 듯한 고통을 느꼈다. 어머니는 나를 업고 은사집회에 가서 안수기도를 수없이 받기도 했고, 침 맞는 곳에 가서 머리와 팔, 다리에 침을 꽂기도 해서 나는 자지러지게 울기도 했다. 그때의 고통을 지금까지도 기억해낼 수 있음은 지독한 고통이 너무나 컸기 때문이다."

그녀는 열 살이 넘어가면서 하나님과 어머니를 원망하기 시작했다. 자신의 삶을 저주했다.

어느 날, 그녀는 불쑥 어머니에게 대들었다.

"엄마는 애기를 자연유산도 잘하면서 왜 난 이렇게 나았어? 나도 그렇게 유산해버리지 왜 이렇게 나은 거야?"

그녀는 자기를 사랑하면서도 때로는 욕설을 퍼붓는 아버지가 원망스러웠다. 그리고 자기에게 아무것도 해주지 못하는 어머니가 원망스러웠다. 그런 집이 싫었고 그런 세상이 싫었다. 하나님이 원망스러웠다. 그래서 그녀는 이렇게 몸부림쳤다.

"나는 어머니가 미웠고, 하나님이 원망스러웠다. 온몸이 멍투성이가 될 때까지 맞으며, 비인간적인 안수기도를 받고 있노라면 그 고통이 나를 견딜 수 없도록 했다. 나를 이렇게 만들어놓고 나타나지도 않고 뭔가 해주지도 못하는 하나님을 향해 불신하며 원망하며 반항했다. 한없이 외로웠고 답답함에 가슴이 터질 것 같았다. 자살하려고 했다. 무조건 반항이었고 무조건 원망이었다. 미치고 싶었으나 미쳐지질 않는 게 더 큰 고통이었다. 애지중지하던 긴 머리를 잘라버렸다. 모든 것이 절망이었다."

그런데 하나님은 그러한 한 소녀를 만나주셨다. 그리고 그를 들어 사용하셨다. 그녀의 삶은 초라했지만, 그녀의 고통은 여전했지만 복음을 위한 간증자로 마음껏 쓰임받고 있다. 그녀는 마음과 영혼의 심연에서 노래한다. 다음은 송명희 시인이 쓴 〈공평하신 하나님〉이란 시의 내용이다.

나 가진 재물 없으나

나 남이 가진 지식 없으나

나 남에게 있는 건강 있지 않으나

나 남이 없는 것 있으니

나 남이 못 본 것을 보았고

나 남이 듣지 못한 음성 들었고

나 남이 받지 못한 사랑 받았고

나 남이 모르는 것 깨달았네.

공평하신 하나님이

나 남이 가진 것 나 없지만

공평하신 하나님이

나 남이 없는 것 갖게 하셨네.


송명희 시인의 입장에서 보면 분명히 공평하지 않은 하나님이 아니겠는가? 그런데 그녀는 자신의 삶에서 하나님을 만난 후 하나님은 공평하신 분이심을 발견하게 되었다. 그리고 그의 있는 모습 그대로를 가지고 감사했다. 이것은 믿음으로 드리는 감사이다. 하나님의 섭리를 신뢰하고 평생 은혜로 살아가는 자의 감사이다. 그녀는 이렇게 고백한다.

감사절에만 감사하는 자여, 범사에 감사하라.

고난주에 고난 기억하는 자여, 주 죽으심 언제나 기억하라.

위급할 때만 기도하는 자여, 쉬지 말고 기도하라.

기쁠 때만 기뻐하는 자여, 항상 기뻐하라.

(송명희 시인의 시, 〈범사에 감사하라〉 중에서)


하나님이 씨를 심게 하시고 자라나게 하셨으니

우리 하나님께 감사를 드리어라.

모든 것을 자라나게 하시는 이는 하나님이시니

감사를 추수하여 드리어라.

감사의 예물을 거두어서 하나님께 드리어라.

우리의 감사를 모아서 하나님께 드리어라.

(송명희 시인의 시, 〈감사를 드리어라〉 중에서)

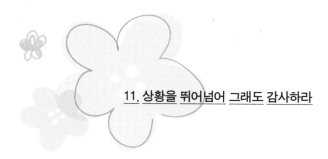

## 11. 상황을 뛰어넘어 그래도 감사하라

아주 뼈저리게 가난하고 불우한 환경에서 어린 시절을 보낸 싱가포르의 한 소년이 있었다. 그는 자신의 처지를 돌아보며 결심했다.

"성공해야 행복하다. 성공이란 곧 부자가 되는 것이다."

그는 부자가 되고 성공하기 위해 악착같이 경쟁적인 삶을 살았다. 공부도, 운동도, 각종 경시대회에서도 1등을 하지 않으면 직성이 풀리지 않았다.

성공과 출세를 위해 앞만 보고 달려온 결과, 그는 의대를 우수한 성적으로 졸업해서 안과의사가 되었다. 의료기기와 레이저 분야에서 두 개의 특허를 내며 승승장구하였다. 그러나 그 정도로는 만족할 수 없었다. 안과진료로는 그가 바라던 만큼의 돈을 벌 수 없었기 때문이다. 결국 그는 성형외과 의사가 되었다. 하는 수술마다 모두 성공하였고, 환자가 끊이지 않았다. 얼마 지나지 않아 의사를 네 명 고용한 중형병원의 원장이 되었다. 그러자 수입이 엄청나게 늘었다.

사랑하는 여성을 만나 가정도 꾸렸다. 가족도 화목했고 주변에 친구도 많았다. 순풍에 돛 단 듯 모든 일이 순조로운 인생이었다. 누구나 그를 부러워했다. 젊고, 건강하고, 직업적으로도 성공한 30대 의사, 리차드 테오 컹 시앙 본인도 스스로의 성공에 만족하며 하루하루 열심히 살았다.

막힘없이 성공가도를 달리던 그에게 새로운 취미가 생겼다. 스포츠카를 수집하는 것이었고, 스포츠카 애호가 모임에 가입하여 주말마다 레이싱을 즐겼다. 각계각층 유명인사들과 파티를 즐기며 또 다른 화려한 인생이 시작된 것이다. 말 그대로 인생의 최고 정점을 누렸다. 그러다 보니 차츰 가족과 오래전 친구들을 등한시하게 되었다.

"당시 저는 커리어의 정점에 있었고, 인생의 모든 것을 내가 통제할 수 있다고 생각했습니다."

그런데 2011년 3월, 폐암 말기라는 시한부 선고를 받았다. 순간 그의 모든 것이 변했다. 그렇게 소중하고 자랑스럽게 여겨졌던 멋진 집과 별장, 명예로운 상장과 트로피, 스포츠카와 유명인사들과의 파티 등이 한순간에 아무런 가치도 없는 것처럼 느껴졌다. 그제야 가족과 친구들의 소중함을 더욱 실감하게 되었다.

"지난 몇 달간 나를 행복하게 해준 건 재물이 아니라 사람이었습

니다. 항암치료를 받고 너무너무 아플 때 페라리를 끌어안고 운다고
해서 편안해지진 않습니다."

늘 더 높은 곳을 향해 경쟁하느라 잊고 있었던 환자들의 존재도
새롭게 다가왔다. 그동안 '환자 = 돈'이라 여겼던 마음가짐이 한순
간에 변했다.

"만에 하나 암을 이겨내고 다시 진료를 할 수 있게 된다면 난 완
전히 다른 의사가 될 것입니다."

그는 후배 의사들에게 당부했다. 환자 한 명 한 명을 차트에 기
록된 병명이나 증상이 아닌 세상에 단 한 명뿐인 사람이라고 생각하
고 진료해야 한다고. 성공을 추구하고 부자가 되려고 노력하는 것
자체는 전혀 나쁜 일이 아니지만 그 과정에서 진짜 소중한 게 무엇
인지 잊어버리면 안 된다고.

2012년 10월 18일, 그는 40세의 일기로 세상을 떠났다. 그는 온
라인 추모 사이트에 자신의 부고를 이렇게 남겼다.

"인생의 우선순위가 무엇인지 정하는 것은 빠를수록 좋다. 이 글
을 읽는 여러분은 부디 나처럼 되지 않기를 바란다."

부와 성공으로 행복한 인생을 꿈꿨던 젊은이, 그러나 한순간에
무너진 허망한 인생. 그에게 남은 건 후회와 미련뿐이었다. 평생 은
혜의 비밀을 알았더라면 다른 인생을 살 수 있었을 텐데. 절대 감사
의 비밀을 발견했더라면 훨씬 더 만족한 인생길을 걸었을 텐데. 먼
훗날 후회하지 않으려면 평생 은혜를 깨닫고 내 인생에 절대 감사의

계절을 맞이하는 지혜를 얻어야 한다.


## 상황에 연연하지 말고 감사하라


사도 바울은 권면한다. "항상 기뻐하라. 쉬지 말고 기도하라. 범사에 감사하라. 이것이 그리스도 예수 안에서 너희를 향하신 하나님의 뜻이니라"(살전 5:16-18). "주 안에서 항상 기뻐하라. 내가 다시 말하노니 기뻐하라"(빌 4:4). 여기서 '항상' '범사'라는 말이 눈에 띈다. 이것은 모든 상황, 모든 사건과 일, 모든 때를 가리킨다. 나와 관계된 모든 것이다. 결국 이 말씀은 '전천후 감사'를 뜻한다. 당신은 이 성경 구절에 대해서 어떤 생각이 드는가? "도저히 불가능해!"라며 고개를 설레설레 흔들지 않았는가?

그런데 기억해야 한다. 사도 바울은 그리스도인들에게 '절대 감사, 절대 기쁨'을 요청하고 있다는 사실을. 그렇다면 과연 절대 감사와 절대 기쁨이 가능한가? 어떤 이는 "그건 도저히 불가능하다"라고 선뜻 대답할 것이다. 그렇다면 바울은 불가능한 일을 요구하는 것인가? 과연 바울은 그리스도인의 삶을 지나치게 미화시키는 것일까? 그러나 신실한 그리스도인이라면 "주 안에서 얼마든지 가능하다"라고 대답을 수정해야 한다. 절대 감사, 그것은 바로 인생을 감사로 물들인 삶이다.

사도 바울, 그는 상황에 매인 사람이 아니라 상황을 뛰어넘은 사람이었다. 바울은 "아무것도 염려하지 말라"고 말한다. 염려는 우리의 마음을 분산시킨다. 불안하고 초조하게 만든다. 그 불안과 초조를 견디지 못하면 짜증과 분노의 감정을 일으킨다. 바로 상황에 매인 사람이다.

좀 특이한 수도원이 있었다. 그 수도회에는 많은 수도사가 기도 생활을 하고 있었다. 이 수도원에서 한 가지 엄격하게 지켜지는 규율이 있는데 바로 침묵이다. 하루 24시간 동안 절대로 말하지 않고 침묵을 지켜야 했다. 단 한 해 마지막 날이 되면 수도원 원장에게 두 마디의 말만 할 수 있도록 허용되었다.

이 수도원에 새로운 수도사가 들어왔다. 그 해의 마지막 날이 되자 수도원장이 그 신참 수도사에게 "할 말이 있으면 해보세요"라고 말했다.

신참 수도사는 규율에 따라 두 마디의 말을 했다.

"침대가 딱딱해요."

수도원 원장은 고개를 끄떡이면서 계속해서 침묵수행을 하도록 했다.

어느덧 일 년이 지나고 다음 해 마지막 날이 되었다. 수도원장은 그 수도사에게 다시 할 말이 있는지 물었다. 수도사는 이번에도 딱 두 마디로 대답했다.

"음식이 나빠요."

세월이 흘러 이제 삼 년 차 마지막 날이 되었다. 그 수도사는 수도원장을 찾아갔다. 그리고 두 마디 말을 했다.

"전 그만 두겠어요!"

그 말에 수도원장은 고개를 끄덕이면서 말했다.

"당연한 일이오. 당신이 지금까지 한 말이라곤 온통 불평뿐이었소."

이 사람은 상황에 매인 인생을 살아가고 있었다. 감사는 모든 것을 갖춘 사람이 하는 것이 아니라 하나님의 은혜를 깨달은 사람만이 할 수 있다. 늘 감사하면서 사는 사람을 찾아가서 질문해보라. "당신은 불편한 것이 그렇게도 없습니까?" 내가 예견하건데 그는 반드시 "그렇지만은 않다"라고 말할 것이다.


사실 사람들이 감사하면서 사는 이유는 환경이 만족스럽기 때문이 아니다. 환경을 바라보는 그의 마음이 아름답기 때문이다. 결코 염려거리가 없기 때문이 아니다. 그에게도 고민과 염려거리가 넘쳐난다. 그러나 그는 환경에 자신의 삶을 옭아매지 않는다. 오히려 환경을 뛰어넘는 습관을 가지고 있다. 평생 은혜를 베푸시는 주님의 손길을 확신하고 있다. 염려와 문젯거리, 불편한 환경을 넘어서 은혜 베푸실 하나님 앞에 무릎 꿇고 기도하는 것이다. 그 애절한 기도가 하나님의 공급하심과 위로하심을 경험하게 한다. 행복이란 은혜가 만드는 것이다.

염려가 되는 문제를 가지고 하나님 앞에 감사함으로 아뢰는 사람은 반드시 하나님의 응답을 받는다. 하나님의 응답하심을 보라. "너희 마음과 생각을 지키는 것"이다. 여기서 "지킨다"는 것은 성을 보호하기 위해 파수꾼이 밤낮으로 적군이 쳐들어오지 못하도록 단단히 지키는 것을 말한다. 하나님은 상황을 바꾸어주시는 것이 아니라 우리의 마음에 방해 세력이 공략하지 못하도록 지켜주신다. 하나님은 우리의 문제 상황을 빗자루를 들고 말끔히 청소하시는 분이 아니다. 오히려 우리로 하여금 청소할 마음을 주셔서 청소하게 하신다. 이러한 사람에게는 모든 상황이 감사로 바뀐다.

## 현실에 얽매이지 말고 항상 감사하라

나는 매사에 감사하는 마음을 갖고 있는가? 아니면 불평하는 마음을 갖고 있는가? 우리는 너무 많은 일을 겪으며 살아간다. 그러한 일을 겪을 때마다 우리는 나름대로 반응을 한다. 그때마다 긍정적이고 건설적인 방식으로 반응하는 사람이 있는가 하면 부정적이고 파괴적인 방법으로 반응하는 사람도 있다.

생각해보면 감사한 일이 얼마나 많은가? 어떤 이는 이런 글을 썼다. "자비로운 하나님은 모든 것을 주셨습니다. 건강과 자녀와 가정과 친구와 필요할 때 위안과 모든 친절한 말과 행동, 행복한 생각과 성스러운 이야기, 우리의 매일매일의 발길을 인도하시는 것까지. 이 모든 것에 대해 감사드리지 않을 수 없습니다. 우리 세계의 이 아름다움, 푸른 풀밭과 사랑스러운 꽃들, 새들의 노래, 벌들의 윙윙거리는 소리, 시원한 여름의 미풍, 언덕과 풀밭, 시냇물과 숲, 넓은 바다의 힘찬 물결에 대해, 세계의 이 아름다움에 대해 감사드립니다." 그렇다. 생각해보면 평생 은혜로 살아가는 우리에게는 감사할 일투성이다. 그런데 감사를 잊은 채 살아간다. 우리가 감사할 수 있는 사소한 일에서 감사하는 마음을 가져야 한다.

이 세상 최초의 인간 아담은 빵 하나를 만들어 먹기 위하여 얼마나 많은 일을 해야 했던가? 먼저 밭을 갈고, 씨앗을 뿌리고, 잡초를 뽑고, 곡식을 거둬들여서 빻아 가루를 만들고, 반죽하고, 굽기를 적어도 열다섯 단계의 과정을 거쳐야 했다. 그런데 지금은 어떤가? 돈만 있으면 빵집에 가서 만들어놓은 빵을 얼마든지 사올 수 있다. 옛날에는 한 사람이 해야 했던 열다섯 단계의 일을 지금은 여러 사람이 나누어 하고 있기 때문이다. 그래서 빵을 먹을 때도 많은 사람에게 감사하는 마음을 가져야 한다.

인류 최초의 인간은 자기 몸에 걸칠 옷 하나를 만들기 위해서도 얼마나 많은 노력을 기울였는지 모른다. 양을 사로잡고, 그것을 키우고, 털을 깎고, 실을 만들며, 옷감으로 짜고, 그것을 다시 꿰매어 입기까지는 많은 어려움이 있었다. 그러나 오늘 날에는 돈만 내면

백화점에서 마음에 드는 옷을 살 수 있다. 과거에는 혼자 해야 했던 많은 일을 여러 사람이 나누어 하고 있기 때문이다. 그렇기에 옷을 입을 때도 여러 사람들에게 감사하는 마음을 가져야 한다.

사람들은 "살기가 너무 어렵다"며 불평에 가득 차 있다. 매사에 골이 난 얼굴이다. 그런데 생각해보라. 얼마 전에 심방을 하고 오다가 어려운 시대의 이야기를 함께 나누었다. 사람들이 살기 어려운 것은 이해할 만하다. 그런데 고급식당을 가보면 그렇게 어렵다는 생각을 느낄 수가 없다. 그래서 나는 "오늘날 사람들이 힘들다고 말하는 것은 상대적 빈곤이다. 생각해보면 60년대, 70년대는 절대적 빈곤이 아니었나? 그때에 비하면 아무것도 아니지 않는가?"라고 했다. 정말 그렇다. 그 시절을 생각하면 매사에 감사가 나올 법하지 않은가? 그러면 우리가 어떻게 매사에 감사하는 삶을 살아갈 수 있을까?

유명한 「빙점」의 저자 미우라 아야꼬는 자신의 방에 예쁜 오동나무 상자를 가지고 있었다. 처음에는 꽃병을 넣어두고 감상하는 용도로 사용되었다. 그러나 후에 관리가 힘들어 이리저리 뒹굴다가 휴지통으로 사용하게 되었다. 그런데 남편이 그 상자에다가 '감사' '성실'이라는 글자를 써넣었다. 늘 감사하겠다는 의지였다.

후에 이 일에 대하여 미우라 아야꼬는 이런 고백을 했다.

"감사하다는 글자를 써 놓고 있어도 실제로 감사하는 일은 좀처럼 힘이 든다. 실제로는 열 가운데 아홉까지가 충족되고 하나밖에 불만이 없을 때에도 인간은 우선 그 불만을 맨 먼저 입으로 터뜨리고 계속 투덜거리는 법이다. 나는 나 자신을 되돌아보고 그렇게 생각한다. 어째서 우리는 불만을 뒷전으로 돌리고 감사해야 할 일을 먼저 말하지 않는 것일까?"

솔직한 고백이다. 사실 매사에 감사하는 삶은 결코 쉬운 일이 아니다. 미우라 아야꼬는 자신의 삶에 왜 감사보다는 불평이 더 많은 것일까를 생각하면서 이렇게 말했다.

"그것은 역시 그리스도에게서 용서받은 사실을 올바르게 받아들이지 않고 있기 때문이 아닐까? 그리스도의 진실한 감사가 다른 사람에 대한 감사도 생겨나게 하는 것이 아닌가 하는 생각이 자꾸만 든다."


## 조건을 초월하는 전천후 감사하라

'전천후'(all-weather)라는 말은 '어떤 기상 조건에도 제기능을 다할 수 있음'이라는 뜻을 갖는다. 2002년 월드컵에서 우리나라를 4강으로 이끈 히딩크 축구에서는 멀티 플레이어의 기능이 돋보였다. 「성공하는 CEO 뒤엔 명품 비서가 있다」는 책에서 저자는 "훌륭한 비서 한 사람이 기업의 미래를 바꾼다"라고 강조한다. 기존의 단순한 비서에서 벗어난 전천후 기능을 감당할 수 있는 비서를 요청하는 것이다. 사도 바울은 데살로니가 교인들에게 "범사에 감사하라!"고 명한다. 이것이 바로 전천후 감사이다. 믿음은 모든 상황에서, 모든 일 가운데서도 감사할 수 있게 만든다.

대심방을 하는데 어느 권사님께서 젊은 시절의 결혼생활에 대해 말씀해주셨다. 남편이 너무 속을 썩여서 이렇게 기도했다고 한다.

"하나님, 저의 남편을 쳐서라도 교회에 나올 수 있도록 해주세요."

그런데 진짜 하나님이 남편을 치셨다. 남편에게 중풍이 온 것이다. 물론 살짝 지나갔지만. 그 다음 주일 하나님께 감사헌금을 드렸다. 권사님이 웃으면서 말했다.

"남편이 중풍에 걸렸는데 감사헌금을 드리는 사람은 나밖에 없을 겁니다."

물론 아직까지 남편에게는 말하지 못한 일이지만….


어느 부부와 딸, 세 식구가 시카고 부근 고속도로를 달리고 있었다. 고속도로는 자동차로 붐볐고 도로에는 비가 내려서 매우 미끄러웠다. 남편은 차를 갓길에 잠시 세웠다. 차를 갓길에 세우고 백미러를 쳐다보는 순간 너무나 끔찍한 광경이 눈에 들어왔다. 거대한 화물트럭이 빗길에 미끄러지면서 통제력을 잃고 길가에 서 있는 자신의 차를 향해 돌진해오고 있었다. 순간 트럭은 그의 차 뒤꽁무니를 받고 팽이 돌듯이 돌았다. 불과 1초도 안 되는 짧은 순간에 일어난 엄청난 사건이었다.

유리 깨지는 소리가 들렸고, 금속 조각들이 흩어지는 소리가 들렸다. 여기저기서 연기가 솟아올랐고, 잠시 침묵이 흘렀다. 아내가 먼저 정신을 차렸다. 무릎이 가슴을 짓누르고 있어 숨을 쉴 수 없었다. 그녀는 겨우 손과 머리를 움직일 수 있었다. 하지만 찌부러진 자동차 지붕이 그녀의 머리 바로 위에까지 내려앉아 있었다. 남편의 몸은 기괴한 모양으로 일그러져 있었다. 다리는 이상한 모양으로 꼬여 있었다. 한쪽 다리는 완전히 구부러져 남편의 등 아래쪽에 눌려 있고 다른 쪽 다리는 창밖으로 튀어나가 전복된 트럭 옆 부분에 끼여 있었다. 딸은 엄마 등 뒤쪽에 누워 꼼짝도 하지 않았다. 세 사람 가운데 어느 누구도 끔찍한 고통을 호소하지 않았다. 아무도 피를 흘리지 않았다. 뼈가 부러진 사람도 없었다. 하지만 그들은 완전히 짓눌려서 전혀 움직일 수 없었다. 전복된 트럭이 박살난 소형 자동차를 완전히 덮고 있었다.

세 사람은 그토록 끔찍한 상황에서도 하나님께 감사드렸다. '아직 살아 있다는 것'을 하나님께 감사하지 않을 수 없었다. 그들은 자동차 안에 꼼짝 없이 갇혀 있었지만 하나님께서 그들과 함께 계시다는 사실을 분명히 느낄 수 있었다. 만일 그렇지 않았다면 자동차가 그들의 관이 되고 말았을 것이다. 창밖으로 얼굴이 하나 둘 보이기 시작했다. 지나가던 운전자들은 그런 참혹한 상황 속에서 자동차 승객이 살아 있는 것을 보고 놀라움을 금치 못했다. 그들은 "구급차가 곧 올 테니 염려하지 말라"고 가족들을 위로했다. 전복된 트럭의 연료 탱크에서 흘러나온 경유와 사고당한 자동차의 연료 탱크에서 새어나온 휘발유가 섞이고 있을 때에도 그 가족은 계속 기도했다. 전복된 트럭에 짓눌린 자동차 지붕이 점점 내려앉고 있었다. 거대한 트럭이 엄청난 무게로 소형 자동차의 마지막 남은 초라한 철 골격을 압박하고 있었다.

그렇게 얼마의 시간이 흘렀고, 또다시 얼마의 시간이 더 흘렀다. 마침내 구급대원들이 산소 호흡기가 연결된 튜브를 들고 그들 앞에 나타났다. 덕분에 전보다 숨쉬기가 훨씬 수월해졌다. 그들은 그 자리에서 하나님을 찬양하기 시작했다. 그들은 "하나님이 아직도 우리에게 할 일을 남겨주셨어"라고 말하면서 서로를 위로했다. 거대한 크레인이 달려와 그들의 자동차를 덮고 있던 트럭을 들어내는 작업을 시작했다. 만일 크레인의 밧줄이 끊어지기라도 한다면 트럭이 자동차를 완전히 깔아뭉개버릴 상황이었다. 구조대원들은 그런 상황에 대비하여 굵직한 철제빔으로 트럭에 받침대를 세웠다. 구조작업은 성공적으로 끝났다.

마침내 가족들은 자동차에 갇힌 지 세 시간 만에 그 끔찍한 감옥에서 풀려날 수 있었다. 병원으로 후송되고 나서야 비로소 그들은 안도의 한숨을 내쉬었다. 사람들이 몰려와 이들 부부에게 물었다.

"어떻게 그런 긴박한 상황에서 그렇게 평온할 수 있었습니까?"

이들 부부는 대답했다.

"이 세상에서 우리 목숨은 하나님의 손에 달려 있어요. 그리고 하늘나라에 가서도 그건 마찬가지일 겁니다."

이들 부부는 평생 은혜를 확신하고 있었다. 하나님의 손이 붙들고 있는 한 무슨 일을 당한다 해도 미래가 열려 있음을 알고 있었다.

좋은 일에는 누구나 감사한다. 일이 잘되는 상황에서 즐거워하고 감사를 표현하는 것은 그리 어렵지 않다. 좋은 사람이 곁에 있을 때 감사하는 것을 전천후 감사라고 말할 수는 없다. 전천후 감사란 힘든 상황, 일이 잘 안 되는 가운데서도, 나를 힘들게 하는 사람들이 있을 때도 감사하는 것을 말한다.

우리가 경험하는 모든 상황이 감사의 조건이 될 수 있다. 장미꽃뿐만 아니라 거기에 붙어 있는 가시도, 햇빛이 날 때뿐 아니라 비올 때도, 승진뿐 아니라 좌천될 때도 감사할 수 있는 것이 바로 전천후 감사이다. 그럼 어떻게 가능한가? 바로 하나님의 은혜에 대한 믿음과 성경적인 해석을 통해서다. 칼 메닝거의 말처럼 "사건보다 더 중요한 것은 해석"이기 때문이다. 믿음의 눈으로 해석만 잘하면 모든 것이 감사하게 받아들여질 수 있다.

# 뜻대로 되지 않아도 그래도 감사하라

나는 '내 목회의 절반은 어머니가 하신다' 라고 생각하며 늘 감사한다. 지금은 내 곁을 떠나셨지만. 수십 년 동안 모포 하나 뒤집어쓰고 그 추운 겨울 교회 마룻바닥에 엎드려 짐승처럼 울부짖으시던 어머니, 이내 마룻바닥은 어머니의 눈물로 적셔졌다.

어머니는 "목회를 하는 막내아들이 불쌍하다"고 하셨다. 그렇게 꿇은 무릎은 아침 7시가 되어서야 펴지니 그 무릎이 오죽하랴. 지칠 법도 하건만 집으로 돌아오는 어머니의 발걸음은 마냥 가볍다. 그렇게 아들의 목회를 위해 진액을 짜는 기도로 후원하신 어머니시다. 그래서 지금도 어머니의 사랑의 기도를 생각하면 가슴이 찡하게 감사하다.

어머니는 당뇨가 심하셨다. 그래서 멀리 여행하는 것을 불편해하셨다. 또 시골 어른이라 어디 가서 진득이 오래 있지 못하는 성미 급한 분이셨다. 자식들 집에 가서도 하루가 지나면 "답답하다"고 하셨다. 언젠가 "아들이 목회하는 교회에 가보고 싶다"며 우리 집으로 오셨다. 그래서 한 열흘 정도 머무셨다. 기적 같은 일이었다. 새벽마다 아들 설교도 듣고 나름 행복하게 시간을 보내셨다.

그러던 중 시골로 내려갈 날이 가까워지자 "기도원을 가고 싶다"고 하셨다. 그래서 아내와 함께 기도원에 모셔다 드렸다. 며칠 금식기도를 하시고 돌아오셨다. 그날 저녁 우리는 거실에 앉아서 은혜받은 어머니의 간증을 들었다. 그런데 갑자가 어머니께서 눈물을 글썽이면서 말씀하셨다.

"하나님이 얼마나 회개를 시키시는지 몰라!"

나는 눈이 휘둥그레졌다. 나는 어머니를 잘 알고 있었다. 세상에 의인이 어디 있으랴 마는 그래도 어머니는 영혼이 순수하고 깨끗한 분이셨다. 빨리 깨달으셨다. 그러니 하나님과의 교제도 풍성하셨다. 그래서 내가 물었다.

"어머니가 무슨 회개할 것이 그리 많다고?"

그랬더니 어머니는 눈물을 쏟으며 말씀하셨다.

"옛날에 김 목사를 제대로 먹이지도 못하고, 입히지도 못하고, 공부시키지 못한 것을 회개시키시는데 내 가슴이 얼마나 아픈지 몰랐어…."

아내와 내가 듣다가 눈물을 함께 흘리면서 말했다.

"어머니, 그건 회개할 것이 아냐! 다음부터는 그것 가지고 회개시키시면 회개하지 마!"

사실 어머니는 부족한 나를 잘 기르셨다. 배운 것은 없지만, 가진 것은 더구나 없었지만, 그래서 공부를 가르치는 데 투자하지는 못하셨지만 어머니는 소중한 나의 어머니시다. 누가 어머니에게 가르치지 못했다고, 먹이지도 입히지도 못했다고 돌멩이를 던질 수 있단 말인가? "얼마나 회개했는지 몰라"라고 하는 말씀을 듣는 순간 왜 그리 내 마음이 아렸는지 모른다.

나는 어머니에게 들려주었다.

"그래도 어머니, 나는 어머니께 너무나 감사해요. 그리고 나에게 어머니는 너무나 사랑스럽고 소중한 분이에요. 어머니는 저에게 해준 것이 없다고 말씀하시지만 나는 어머니로부터 받은 것이 너무 많아요. 다 갚을 수 없을 정도로⋯."

많은 사람이 그런다. "당신이 나에게 해준 것이 뭐냐?"고. 그래서 사람들은 감사를 잃은 채 불행하게 산다. 그런데 한 번만 더 생각해 보라. 그들이 나에게서 빼앗아간 것보다 남겨놓은 것이 더 많았던 것을. 그들이 나를 위해 해주지 못한 것보다 해주었던 것이 더 많았던 것을. 그들이 아무리 고개를 숙인 채 눈물을 흘리며 "미안해"라고 할지라도 우리는 솔직하게 고백해야 한다. "그래도 감사해요"라고.

토요일 설교 준비를 하다가 어떤 집사님이 생각나서 전화 통화를 했다. 최근 너무 힘든 일이 연거푸 터지고 있는 분이었다. 남편이 허리 디스크를 앓아 다리까지 저려왔다. 사업 역시 경영난에 허덕였다. 얼마 전에 취직한 딸은 매일 밤늦게 들어와서 부모의 애간장을 태웠다. 딸과의 대화를 시도하지만 그것 역시 만만치 않았다. 그동안 엄마 없는 조카를 키웠는데 경제적인 형편이 너무 어려워져서 부부가 고민 끝에 조카도 돌려보내야 했다. 마음이 너무 아팠다.

그동안 경제적인 손실을 메우기 위해 대출한 돈이 너무 많아졌다. 그래서 빚잔치를 해야 하는지 고민도 하고 있었다. 신용불량자가 되는 것이 두려웠다. 한때 교회를 떠나고 싶은 마음도 들어서 한동안 교회에 나오지 않았다. 그래서 전화를 했다.

"집사님, 여전히 힘드시죠?"

그런데 집사님으로부터 뜻밖의 대답이 들려왔다.

"목사님, 변한 건 아무것도 없는데 오히려 제 마음은 편해요."

나는 감사를 드리며 말했다.

"집사님, 정말 그래요. 우리가 아무리 애를 써도 우리를 둘러싸고 있는 상황은 잘 변하지 않아요. 그런데 내 마음은 내가 마음대로 조정할 수 있어요. 집사님, 힘내세요."

때로는 우리가 처한 상황이 변하지 않아서 답답할 때가 있다. 그런데 감사하는 사람은 바뀌지 않는 상황 속에서도 감사하는 비결을 알고 있다. 하나님은 우리에게 '그래도' 감사할 수 있는 또 다른 은혜를 주신다.


## 계산하지 말고 일상을 감사하라

우리가 감사하는 이유는 무수하다. 하나님은 우리에게 아름다운 아내와 멋진 가족을 주셨다. 그 누구도 갖지 못한 가장 좋은 친구들을 주셨다. 거기다가 건강은 물론 복에 복을 더하셨다. 하나님이 내게 주신 복을 다 말하려면 끝이 없다. 그렇다고 우리가 늘 감사하는 것은 아니다.

이에 대하여 웨스트민스터 신학교의 캔달 교수는 이렇게 고백한다. "그러나 있을 수 없는 일이기는 하지만 슬프게도 내가 늘 감사하며 살아온 것은 아니다. 하나님이 내게 행하신 모든 선한 일에도 불구하고 나는 신음하고 불평하며 투덜거리기도 했다. 사실이 아니길 바라지만 사실이다." 누구나 경험한 솔직한 고백이 아니겠는가? 그럼에도 불구하고 우리는 일상에서의 감사를 회복해야만 한다.

제자훈련을 하면서 때때로 '부부간에 이벤트 만들기'를 생활과제로 내준다. 그런데 대부분의 부부들이 이벤트를 즐기지 못한다. 우리 주변에는 이벤트를 잘하는 사람이 있다. 생일이나 결혼기념일이 되면 깜짝 쇼를 준비해놓고 가족들을 놀라게 만든다.

닭살 부부로 알려진 최수종, 하희라 부부는 정말로 이벤트를 잘한다. 최수종 씨가 이벤트에 끼가 있기 때문이다. 한 번은 밖에 나갔다가 들어오는 아내를 즐겁게 해주기 위해 글씨를 써서 계속해서 아내를 유인했다. 끝에 가서 보니 깜짝 놀랄 만한 선물이 준비되어 있었다. 얼마나 감사한 일인가? 삭막하고 무미건조한 삶을 살아가는데 이러한 '이벤트 감사'도 필요하다.

그러나 더 중요한 것이 있다. 바로 '일상 감사'이다. 사람들은 매일 반복되는 일상생활에 따분해하고 권태를 느낀다. 그러나 우리는 매일 반복되는 평범한 삶에서 감사의 조건을 찾을 수 있어야 한다.

만약 그 일상이 뒤죽박죽되면 우리의 삶이 얼마나 어지러워지는지 모른다. 특별 이벤트성 감사보다 일상의 감사가 더 필요하다. 나에게 아무런 고통의 시간, 내 삶을 뒤죽박죽 만드는 일이 없다는 것 자체로 감사해야 한다.

만약 내가 불만투성이라면 참으로 불행하다. 나를 좋아할 사람은 아무도 없을 테니까. 만족스러운 삶을 살기 위해서는 불만투성이인 자신에게서 탈출해야 한다. '특명, 불평에서 벗어나기'를 선포하고 전쟁 준비를 해야 한다.

> 하루에 열 번씩 "감사합니다"라고 말해보라.
> 일어나서 하나님께 "오늘 하루를 시작할 수 있게 해주셔서 감사합니다"라고.
> 아침밥을 차려주는 아내에게 "고마워, 여보"라고.
> 부랴부랴 등굣길에 있는 아이에게 "열심히 공부해줘서 고맙다"라고.
> 출근하면서 양보해주는 옆 차 운전자에게 "양보해줘서 고맙습니다"라고.
> 출근해서 직장동료에게 "함께 일할 수 있어서 고맙고 행복합니다"라고.
> 퇴근하면서 "오늘 하루도 저를 도와주셔서 고마웠습니다"라고.

집에 가서 맛있는 저녁을 준비해두고 기다리는 아내에게 "맛있는 식사를 준비해줘서 고마워요"라고.

학원에서 지쳐 들어오는 아이를 웃음으로 맞이하며 "건강하게 열심히 공부해줘서 고마워"라고.

그리고 잠들기 전 하나님을 향해 "오늘도 함께하셔서 감사합니다"라고.

오늘 하루를 감사하며 살아간 자신에게 "하나님의 마음으로 살아서 감사하다"라고 축전을 띄워보라. 그러면 매일 '기적 같지 않은 기적'을 경험할 것이다. 이것이 일상의 감사이다. 어려운 일도 아니다. 그러나 일상에서 만드는 감사의 말은 우리 인생을 은혜로 뒤덮을 것이다.

일상에서 "고맙습니다"라고 말하면서 사는 것은 매사에 불평불만을 늘어놓으면서 살아가는 것보다 훨씬 즐겁고 행복하다. 그래서 아나운서이자 저널리스트인 데보라 노빌은 "불행한 하루는 불평 가득한 마음에서부터 시작되는 것이니 가능한 멀리하라"고 조언한다. 오늘부터 실험해보라. 일상의 감사가 당신을 평범 이상의 삶을 살게 만드는 청량제임을 경험하게 될 것이다.

## 12. 절대 감사는 평생 은혜를 누리게 한다

강북삼성병원 정신건강의학과 신영철 교수가 사람들에게서 종종 받는 질문이 있다.

"선생님은 스트레스를 안 받으시죠?"

그럴 때면 간단하게 대답한다.

"안타깝지만 스트레스는 양상만 달라질 뿐 죽을 때까지 우리를 쫓아옵니다. 지금의 잔상만 벗어나면 될 거 같지만 여기서 벗어나면 또다른 일로 스트레스를 받게 되지요. 그러니 다른 방법이 없습니다. 그냥 사는 수밖에요."

고민해서 달라지지 않을 일이라면 일부러 걱정을 사서 하기보다 '그냥 사는 것'이 정신 건강에 더 좋다는 것이다.

"사람의 몸과 마음은 일정한 상태를 유지하려는 습성이 있는데요, 이를 항상성이라고 합니다. 이를 깨는 모든 자극이 바로 스트레스입니다. 스트레스가 없다는 것은 아무런 자극이 없다는 말인데, 사실 우리가 살아 있는 동안에는 거의 불가능한 일이죠. '그냥 살자'는 것은 대충 살자는 것이 아니라 현실을 정확히 인식하고 이를 바탕으로 할 수 있는 방법을 찾아보자는 뜻입니다."

스트레스 없이 살 수 있다면 그게 최고의 인생일 것이다. 그러나 세상 천지에 스트레스로부터 자유로운 사람은 하나도 없다. 우리네 인생에 찰싹 달라붙어 다니는 게 스트레스다. 그렇다면 그가 말했듯이 스트레스를 다른 차원으로 받아들여보면 어떨까?

"나의 선택을 최선으로 받아들이고, 최선의 선택을 최고의 선택으로 만들어가는 것, 그것이 건강한 인생입니다."

살다 보면 최고의 상황이 설정되는 경우는 드물다. 그래도 선택은 해야 한다. 선택한 후에는 후회가 남지 않도록 최선을 다하는 수밖에 없다. 우리가 걸어갈 삶의 여정에는 절대 감사를 불가능하게 만드는 상황과 일들이 많이 펼쳐질 것이다. 그럴지라도 평생 감사로 살아갈 인생이라면 그것마저도 하나님의 은혜 안에서 해석해보면 감사로 바꿀 수 있지 않을까? 그렇게 사는 인생이 형통한 인생이 아닐까? 하나님이 함께하시는 평생 은혜의 삶.

# 남편의 죽음 앞에서도 감사할 수 있는가

어떤 분은 "하나님이 나에게 심장병을 주신 것을 정말 감사합니다"라고 말한다. 그 이유는 이렇다. 많은 사람의 죽음을 보아왔는데 심장병 환자는 심장만 멈추면 곧바로 죽기에 고통이 적다는 것이다. 고통이 적은 죽음을 당할 것을 생각하니 질병을 가진 것도 감사하다는 뜻이다.

죽을 지경에 놓여 죽지 않으려고 항변하는 사람들을 자주 본다. 죽음이라는 현실을 받아들이려고 하지 않는다. "무엇이든지 다 할 테니 제발 좀 살려달라"고 애걸한다. 죽음이 그만큼 공포와 두려움의 대상이기 때문이다. 그런데 죽음 앞에서도 자연스럽고 의연하게 대처하는 사람도 있다. 그에게는 죽음이 더 이상 공포의 대상이 아니다. 죽음이 그의 친구처럼 느껴지고 죽음의 문턱을 넘어서는 게 그렇게 어렵지 않게 만든다.

어느 가정의 장례를 위해 화장장에 도착했다. 그때 저쪽에서 울고불고 야단법석이 났다. 온 화장장을 떠들썩하게 만드는 장례였다. 왜 그런가 싶어 가까이 다가가 보니 중학생쯤 되어 보이는 아이의 죽음이었다. 나도 너무 안타까운 마음이 들었다. 그래서 옆에 있던 사람에게 물어보았다.

"어째서 이렇게 어리고 잘생긴 아이가 이렇게 되었습니까?"

그랬더니 이런 연유였다.

"퀵 보드를 타다가 차에 부딪쳤어요."

골목길에서 나오는 차를 미처 피하지 못하고 들이박은 것이었다. 그러니 부모의 애간장이 얼마나 탔겠는가? 엄마는 도저히 슬픔을 감추지 못하고 몸부림치며 울었다.

죽음이 어떻게 느껴지는가? 여전히 두려움과 공포의 대상인가? 성경은 죽음을 '잠 자는 것'으로 묘사한다. 잔다는 것은 깰 때가 있다는 뜻이다. 예수님께서 재림하실 때 다시 깨어날 것이다. 부활의 몸, 변화된 몸, 신령한 몸을 입을 것이다. 성경은 죽음을 사멸로 묘사하지 않는다. 죽음은 새로운 세계로 들어가는 길이다. 육신의 장막을 벗고 하늘의 장막을 입는 것이다. 삶의 방식의 변화일 뿐이다. 이 땅의 삶에서 천국의 삶으로 변화를 가져오는 것이다.


노만 빈센트 필 목사가 오랜 친구이자 훌륭한 의사였던 윌리암 박사에 대해 쓴 글을 읽은 적이 있다. 빈센트 목사는 윌리암 박사가 덴버리에 있는 병원에서 죽어가고 있다는 소식을 들었다. 그래서 사모님과 함께 병문안을 갔다. 그 의사는 자기의 치료를 받던 환자들이 눕던 침대에 누워 있었고 그의 아내는 그 곁에 앉아 있었다.

임종을 앞둔 윌리암 박사는 친구 목사를 보더니 이렇게 말했다.

"나는 딴 세상으로 가고 있네. 하나님이 나를 부르고 있어. 그러나 두렵지 않아. 나는 준비가 되어 있네."

그러자 그의 아내가 윌리암 박사를 다정하게 부르면서 말했다.

"당신이 다른 세상으로 가게 되면 거기서 저를 기다리세요. 우리 거기서 만나요."

윌리암 박사는 미소를 지으면서 마지막 힘을 내어 말했다.

"그래요. 거기에 있겠소. 거기서 당신을 기다리겠소."

그렇게 시간을 보낸 후 필 목사 내외가 병실을 나섰다. 그때 윌리암 박사는 예전처럼 손을 가만히 들어 보이면서 인사했다.

"안녕, 친구여. 다음에 만날 걸세."

다른 사람의 죽음 앞에서는 담담할 수 있다. 죽음이 눈앞에 다가오기 전에는 이렇다 저렇다 말할 수 있다. 그러나 막상 자신이 직접 죽음을 맞닥뜨리게 되면 두려움과 공포에 휩싸일 수밖에 없는 게 인생이다. 그뿐만이 아니라 사랑하는 사람의 죽음 앞에서 슬퍼 울 수밖에 없다. 오빠인 나사로의 죽음 앞에서 망연자실한 마리아와 마르다처럼.

그러나 천국에 대한 확신이 분명할 때, 부활에 대한 소망을 붙잡고 있을 때 우리는 죽음을 자연스레 받아들일 수 있다. 죽음을 감사함으로 받아들일 수도 있다. 우리가 때로는 호상(好喪)이라는 단어를 사용한다. 오랜 세월을 살다가 연세가 많아서 죽음을 당할 때, 혹은 오랫동안 지병을 가지고 힘들게 생명을 부지하다가 죽음을 맞이하게 될 때 우리는 오히려 상을 당한 것이 유익이라고 말한다. 그래서 감사하는 경우가 있다.

그러나 이것과는 달리 안타까운 죽음을 당했음에도 불구하고 감사하는 사람들을 보게 된다. 그 이유는 무엇인가? 그것은 죽음에 대한 기독교적인 신앙을 가지고 천국의 삶을 확신하기 때문이다. 당신은 어떤가? 천국에 대한 확신 때문에 죽음 앞에서도 감사할 수 있는가?

세계적인 전도자 빌리 그레이엄 목사님의 부인 루스 그레이엄 여사가 87세의 나이로 세상을 떠났다. 그녀는 학창 시절에 의료선교사인 아버지를 따라 북한에서 지내기도 했다. 혼수상태에 빠진 그레이엄 여사는 하루 만에 가족들이 지켜보는 가운데 생애를 마감했다. 빌리 그레이엄 목사는 자신이 아내의 격려와 내조가 없었다면 주님의 일을 제대로 못했을 것이라고 안타까운 심정을 토로했다. 빌리 그레이엄 목사는 아내의 죽음 앞에서 이렇게 고백했다.

"지난 수년 동안 아내의 투병기간 내내 아내와 함께 시간을 보낼 수 있도록 허락해주신 하나님께 진정으로 감사합니다. 투병기간 동안 우리 부부는 더욱 친밀해졌습니다. 그리고 천국에서 만나는 그날까지 아내를 몹시 그리워할 것입니다."

천국에 대한 확신은 아내의 죽음 앞에서도 좋은 기억을 생각하면서 하나님께 감사할 수 있게 만든다. 이것이 평생 은혜를 불러오는 절대 감사의 삶이지 않은가?

# 희망의 끝자락에서 감사할 수 있는가

화마가 빼앗아간 아름답고 청순하던 이화여대 4학년 이지선 씨의 얼굴을 기억할 것이다. 그녀는 졸업을 한 한기 남겨두었던 때 어느 음주 운전자의 부주의로 전신에 55퍼센트나 화상을 입는 큰 사고를 당했다. 절망의 순간이었다. 이때 그녀는 자신의 손가락도, 얼굴도, 지난날의 삶도, 꿈도 모두 송두리째 잃어버리고 말았다. 아득한 내일이었다. '이제는 끝이다'는 생각밖에는 더 들지 않았다.

미라처럼 온 몸에 붕대를 감고 있었다. 옛 모습을 찾고자 성한 피부를 떼어 상처에 이식하는 피부이식 수술을 14차례나 받았다. 그러는 와중에 또 다른 상처를 가져야만 했다. 당기는 피부 때문에 손가락 하나 까딱하지 못하는 지경에 이르게 된 것이다. 의사 선생님마저도 "지난 얼굴은 절대로 찾을 수 없고, 사람 꼴도 안 될 테니 세상에 나가서 살 생각은 하지도 말라"고 멍든 가슴에 못을 박았다.

눈을 깜박일 눈꺼풀조차 없어서 눈에 앉은 벌레를 쫓지 못할 정도로 처량한 신세였다. 그녀가 할 수 있는 것은 아무것도 없었다. 유일하게 할 수 있는 일이라곤 참는 것뿐이었다. 중환자실에서 매일 죽음과 전쟁을 하고 있었다. 하루에 딱 세 번, 20분 정도의 면회시간이 주어졌다. 엄마가 들어와 밥과 약을 먹여주었다. 그리고 나면 보고 싶은 사람들의 얼굴을 볼 수 있었다. 정말이지 너무나 짧은 시간이었다.

그녀는 불이 난 차 속에서 꺼내준 생명의 은인인 오빠가 한 말을 잊을 수가 없었다. 오빠는 화상치료를 받은 지 얼마 지나지 않아서 계속 벌벌 떨며 아파하던 지선 씨에게 힘을 내라며 말했다.

"지선아! 그래, 이것보다 더 나빠질 수 있겠어?"

더 이상 떨어질 나락도, 더 이상 나빠질 것도 없다. 천 길 낭떠러지에 떨어진 것 같은 최악의 상황에서 깨달은 것은 바로 '희망'이었다. 이미 더 떨어질 수 없는 것으로 추락했기에 이제부터는 올라갈 곳만, 시작할 일만, 좋아질 일만 남은 것이다. 열네 번의 수술을 받았지만 아직까지 회복되지 않은 몸이다. 그러나 새롭게 펼쳐진 꿈이 움트기 시작했다.

학교의 배려로 수업대신 보고서를 제출하여 학점을 이수하고 졸업했다. 그리고 고마웠던 지인들에게 썼던 글들을 모아 「지선아 사랑해」라는 책을 출간하여 베스트셀러가 되었다. 재활상담가의 막연한 꿈을 가지고 미국으로 유학하여 캘리포니아대학교 로스앤젤레스 캠퍼스(UCLA) 사회복지학 박사학위를 취득했고, 2017년부터 한동대학교 상담심리사회복지학부 교수로 재직하고 있다.

모두들 "그의 인생은 끝났다"라고 하면서 "세상에 나가서 살 생각은 하지 말라"고 절망의 말을 들려주었지만 인생의 끝자락에서 다시 새로운 삶을 출발할 수 있게 되었다.

아이들이 지선 씨의 얼굴을 쳐다보면서 말한다.

"이모 얼굴에 왜 이렇게 구멍이 많아요?"

이런 말을 들을 때마다 그녀는 짜증이나 화 대신 희망의 눈웃음을 보내준다. 그리고 자신 있게 말한다.

"희망은 고난 가운데 저를 이끌어 온 힘이고, 또 앞으로도 저로 하여금 기대를 안고 걸어가게 할 힘입니다. 희망의 열매는 분명 믿음을 잃지 않고 꿈꾸고 바라는 자에게 주어질 것입니다. 사람들은 또 웃을지 모르겠습니다. 헛된 꿈을 꾸고 있다고, 불쌍하다고 동정할는지 모르겠습니다. 하지만 저는 오늘도 꿈과 희망을 버리지 않습니다."

이렇게 시작되어진 이지선 씨의 희망행진은 그녀로 하여금 이런 고백을 가능하게 했다.

"예전에 나도 행복하다고 생각하며 살았지만 '진짜 나'를 알고 껍데기와 속이 하나가 되어 사는 맛을 알게 된 뒤로는 세상이 달라졌습니다. 기분이 정말 이상합니다. 그 옛날이, 그 옛날이 그립지 않은 나 자신에 또 한 번 놀랍니다. '진짜 나'로 살아가는 맛을 알게 되어서 감사합니다. 지금의 나, 이지선으로 살게 되어 감사합니다."

"세상은 제게 끝이라고 말했습니다. 하지만 인생의 끝이라는 지점에서 저는 새 삶을 시작했습니다. 더 이상 내려갈 곳이 없는 바닥에서 희망을 찾았고, 그 희망이 힘이 되어 저를 일으켰습니다. 이제 당신께는 올라갈 만한 일만, 시작할 일만, 좋아질 일만 남았습니다. 바닥에서 찾아낸 그 소중한 희망은 분명 당신을 살게 할 것입니다. 희망 속에서 꿈꾸는 당신의 인생은 이제 빛날 것입니다."

어느 토요일 순장모임이었다. 그때 시편 23편 말씀을 함께 나누었는데, 전도사님이 지선 씨에게 질문했다.

"지선 자매는 목자이신 하나님께서 언젠가 푸른 초장으로 인도하신다는 걸 믿습니까?"

질문을 들은 지선 씨는 망설임 없이 즉시 대답했다.

"당연하죠! 제가 지금 와 있는 걸요!"

정말 죽음의 골짜기를 수없이 지나왔다. 길이 없는 곳에서도 주님은 지팡이로 그녀를 톡톡 치면서 이끌어주셨다. 그녀는 주님을 그냥 따라왔다. 그러다 보니 그녀는 어느덧 푸른 초장에 와 있었다. 피투성이, 상처투성이, 성한 데라곤 발밖에 없는 지선 씨가 세월이 흘러 이런 고백을 했다.

"그 목자를 따라 쉴만한 물가에 와서 목도 축이고… 풀도 먹고… 배불러 엎드려 쉬기도 하고 가끔은 그 물에 비친 자기 얼굴에 '예쁘다~' 할 정도로 행복해하고 있습니다."

평생 은혜를 고백하며 살아가는 삶이지만 우리 앞에는 생각지도 않았던 낭떠러지로 추락하는 때도 있다. 절망으로 둘러싸여 희망의 끝이라고 생각되기도 한다. 그러나 그 고통도 순간에 지나지 않는다. 그때는 영원한 낭떠러지처럼 생각될지 몰라도 이내 지나가고 만다. 선한 목자로 오신 주님은 양떼의 모든 형편을 다 아신다. 우리를 인도하실 때 때로는 낭떠러지도 다가온다. 그럴지라도 선한 목자께서 보호하고 건져주실 것을 믿는다. 그렇기에 흔들림 없이 절대 감사의 신앙으로 살아갈 수 있다.

## 뜻밖의 사고에도 감사할 수 있는가

생각지도 않은 갑작스러운 사고를 당할 때 사람들은 어떻게 반응하는가? "재수 옴 붙은 날이네. 왜 하필 나에게 이런 일이 생겨!" 하면서 하루의 일정을 불평한다. 사실 화가 날 수 있는 상황이다. 더구나 좋은 일을 하려다가 그런 일을 당해보라. 실제로 마음이 상하지 않을 사람이 드물 것이다. 그러나 그럴 때도 감사하는 사람들이 있다.

어느 날, 한 권사님이 다리를 절고 있었다. 그래서 물었다.
"권사님, 왜 이러세요?"
권사님은 싱긋 웃으면서 말했다.
"목사님, 며칠 됐어요. 새벽 기도를 오는 길에 황급히 서둘러 오다가 이렇게 됐어요. 신호등이 바뀌는 찰나에 건너려고 하는데 오토바이가 와서 부딪혔어요. 이만하길 다행이죠."
그 권사님은 발목 인대를 다치셨다. 아마 몇 개월 고생을 해야 할 것 같았다. 감사한 일은 그런 몸을 이끌고 새벽 기도를 계속 오신다는 것이다. 사실 새벽 기도를 오다가 당한 일이니 얼마나 속이 상하겠는가? 권사님은 화를 내지 않고, 불평도 하지 않으셨다. 오히려 자신을 돌아보는 기회로 삼았다. 그리고 하나님께 감사했다. 평생 은혜를 고백하며 절대 감사로 사는 성도에게도 사고나 질병은 어쩔 도리가 없는가 보다.

춘원 이광수가 쓴 역작 「사랑」의 주인공 안빈 박사의 실제 모델이 바로 장기려 박사이다. 어느 날 친한 친구가 장기려 박사에게 재혼을 간곡히 권유했다. 그러나 장기려 박사는 한사코 사양하고, 친구 사무실을 황급히 나오다가, 그만 발을 헛디뎌서 한쪽 아킬레스건이 끊어지는 사고를 당했다.

그는 즉시 백병원에 입원했다. 그런데 그는 병상에서 세 가지 감사를 드렸다.

첫째, 하나님의 도우심으로 자신을 이겨낸 것을 마치 자기가 선하여 된 것으로 생각했던 불경죄를 깨닫게 되어 감사.

둘째, 그동안 만나지 못했던 많은 친지와 제자들을 만날 수 있게 됨을 감사.

셋째, 바빠서 읽지 못했던 책들을 병상에서 조용히 읽을 수 있게 됨을 감사.

그는 기적처럼 아킬레스건이 잘 이어져 그 후 노령임에도 불구하고 테니스까지 칠 수 있게 되었다.

어느 집사님이 심각한 질병으로 수술을 받아야 했다. 수술을 받기 전 목사님이 새벽 일찍 찾아와서 기도를 해주셨다.

"목사님, 감사합니다. 먼 길을 새벽에 찾아와 주셔서."

드디어 마취를 하고 잠이 들려는 찰나였다.

"선생님, 감사합니다. 고통을 모른 채 수술을 받을 수 있게 해주셔서."

장시간의 수술을 끝마쳤다. 중환자실에서 눈을 뜨니 고통스러운 상황인데도 아내가 손을 잡고 곁에서 기도하고 있었다.

"여보, 고마워! 나 때문에 당신이 고생이 많군요."

병실로 왔다. 옆 병상에 있는 환자들과 이런저런 이야기를 나누면서 그들의 딱한 처지를 알게 되었다.

"하나님, 감사합니다. 나는 저 사람들과 같은 막막한 환자는 아니니까."

그들과 대화를 나누면서 신앙 간증을 나누고 복음을 전할 수 있었다. 그러던 중 옆 병상에 있던 환자 한 사람이 복음을 받아들였다. 교회에 나가겠다고 했다.

"하나님, 감사합니다. 병원에서 한 영혼을 구원할 수 있게 해주셔서."

집사님은 그분에게 집에서 가까운 교회를 가라고 권했다. 자신이 다니는 교회는 그분의 집에서 좀 멀리 떨어진 거리에 있었기 때문이다. 그런데 그분은 한사코 "집사님이 다니시는 교회에 나가겠다”고 고집하였다.

"고맙습니다. 거리가 먼데도 저희 교회까지 오시겠다고 말씀해 주셔서."

얼마의 시간이 지났다. 이들은 새가족부실에서 나란히 앉아 기념사진을 찍을 수 있었다. 병상을 찾게 된 것이 불행한 일이었지만 결코 불행한 것만은 아니었다. 오히려 감사가 넘치는 병상이었다. 그 병상에서 주님을 더 깊이 만날 수 있는 기회가 되었다. 그리고 평생 한 사람을 전도하는 것이 어려운데 한 영혼을 주님께로 인도하게 되었다. 평생 은혜를 베푸시는 하나님이 하시는 일은 모두 감사할 뿐이다. 비록 그 일이 뜻밖에 일어난 사고이고, 또 그곳이 병원의 병상일지라도 하나님은 합력하여 선을 이루시는 분이시니까.

## 감사할 수 없는 상황은 존재하지 않는다

고통을 피해가려는 것은 부질없는 노력이다. 고통은 함께 가야할 인생의 동반자이다. 고통을 거절하고 저항할 게 아니라 고통의 늪에서도 웃으면서 살아가는 비결을 배우는 게 중요하다. 아무리 고통이 심할지라도 평생 은혜로 살아가는 감사의 사람은 고통을 무력하게 만드는 힘을 가지고 있다.

간암 말기 선고를 받은 아내가 있었다. 그녀는 불치병과 싸우는 고통을 이겨내야 했다. 남편은 그 아내를 사랑했다. 그러면서 얼마나 많은 눈물을 흘렸는지 모른다. 이들은 서로에게 감사하고 있었다. 그 주인공이 바로 정창원 씨와 서영란 씨이다. 이들은 4년 전에 여대생과 노총각으로 처음 만났다. 둘은 나이 차이가 아홉 살이나 났다. 그러나 그들은 학벌과 나이도 훌쩍 뛰어넘어 결혼했다. 결혼식도 올리지 못한 채 먼저 신접살림을 시작했다. 그런데 2년 만에 아내가 간암 말기 판정을 받았다.

"앞으로 석 달밖에 살 수 없다"는 냉정한 판정을 받았다. 아내는 10센티미터의 종양을 제거하기 위한 대수술을 했다. 간의 60%를 떼어냈다. 그런데 이게 무슨 날벼락인가? 이미 폐와 뇌까지 암 세포가 전이되었다는 것이다. 더 이상 항암치료도 받을 필요가 없는 상태였다.

이들 부부는 병원을 떠나서 경기도에 있는 한 요양원으로 갔다. 남편은 죽음의 그늘이 짙어가는 아내를 정성껏 보살폈다. 아내는 머리카락이 다 빠진 모습이었지만 티 없는 웃음으로 남편을 즐겁게 해주었다. 남편은 24시간을 아내와 함께 붙어 있었다. 그리고 짬을 내 산으로 올라갔다. 약초를 구하기 위해서. 그렇게 해서 아내를 먹인 것이 수십 가지 종류였다. 매 끼니 조미료가 없는 무공해 식품을 만들어서 먹였다. 세상에 하나밖에 없는 아내를 위해서. 그러니 아내인들 어찌 슬픈 내색을 할 수가 있었겠는가? 아내는 말할 수 없는 고통 중에서도 남편을 위해 해맑은 웃음으로 동요를 부르며 애교를 부리곤 했다.

하루는 지리산 자락에 마련한 신혼집으로 향하는 여행을 했다. 가는 도중에 아내는 갑작스러운 통증을 호소했다. 위급한 상황이 벌어졌다. 앰뷸런스에 실린 아내는 혈압이 급속히 떨어졌다. 몸 안에 출혈이 멈추지 않아 사경을 헤맸다. 다행히 위급한 상황은 모면했다. 아내는 그 와중에서도 남편에게 말했다.

"우리 사랑은 의리 같아요. 정말 목숨같이 여겨지는 것 같아요. 그래서 죽을 때까지 지켜줄 수 있는 그런 사랑이 변하지 않았으면 좋겠어요. 친구 같고 정말 인생을 함께 가는 동반자…. 그게 사랑인 것 같아요. 우리들의 사랑이 말이에요."

2년간의 질긴 투병생활과 남편의 헌신적인 간호에도 불구하고 아내는 28세의 나이로 세상을 떠났다. 결혼식을 준비해 놓고도 결혼식을 올리지 못한 채로.

아름다운 사랑이야기다. 그러나 가슴 아픈 사랑으로 끝난 것 같아 마음이 아프다. 사실 살아가면서 이렇게 아프고 서글픈 순간들이 얼마나 많이 닥쳐오는지 모른다.

옥스퍼드대학교의 캔달 교수는 이와 비슷한 경험을 이렇게 고백한다. "내게도 아프고 고통스러운 긴 이야기가 있다. 그러나 내게 일어난 가장 나쁜 일들에도 말 그대로 감사한다. 나의 시련이 나를 빚었기 때문이다. 시련이나 고통은 사람을 빚을(make) 수도 있고, 상하게(break) 할 수도 있다." 고통이 없는 인생은 없다. 고통을 피해 갈 재주도 없다. 그러나 고통의 의미만 깨닫게 된다면 웃으며 받아들일 수도 있고, 고통 속에서도 감사할 수 있다.

116센티미터의 키밖에 되지 않는 엄지공주가 있다. 그런 그녀가 엄마가 되었다. 세상에서 가장 작은 엄마일지 모른다. 그 주인공은 바로 윤선아 씨이다. 그녀는 작은 충격에도 뼈가 부러지는 유전병을 가지고 있었다. 바로 '선천성 골형성부전증'이다. 그래서 60~70번이 넘는 수술을 받아왔다. 뼈가 부러져서 온몸에 철심을 넣고 성장해야 하는 아픈 과거를 지니고 살아왔다. 그러나 맘씨 좋은 착한 남편을 만나서 결혼을 했다. 이들 부부는 남이 부러워할 정도로 사랑했다. 남편은 아내를 지극정성으로 돌봐주었다. 그래서 사람들은 남편을 가리켜서 '윤씨를 위해 태어난 사람'이라고 말하기도 했다.
이들은 태의 열매를 얻고 싶은 욕망으로 수차례 인공수정을 시도했다. 그러나 번번이 실패했다. 몇 차례의 실패 끝에 극적으로 임신에 성공했다. 열 달을 정성껏 길렀다. 정말 기적 같은 일이었다. 이제 출산을 해야 하지만 목숨을 건 출산이었다. 제왕절개 수술을 통해 2.23킬로그램의 작지만 건강한 아들을 출산했다. 이들은 말할 수 없는 출산의 진통을 통해 아들을 품에 안고 감사의 웃음을 지을 수 있었다. 의학적으로 골형성부전증이 유전될 확률도 50퍼센트나 되었지만 다행히 아이에게는 유전되지 않는 축복을 얻었다. 이제 엄지공주는 작은 소망을 품고 기도한다.

"우리 아이가 아플 것 제가 더 아플 게요. 제발 털끝 하나라도 아프지 않게 해주세요."

힘들고 좌절감을 느끼게 할 수는 있어도 감사할 수 없는 상황은 존재하지 않는다. 다만 나에게 감사가 훈련되지 않았을 뿐이다. 하나님이 어떻게 우리를 돌보시는지 그 순간에는 깨닫지 못하다가 나중에야 깨닫는 경우가 많다. 그렇기에 인생의 고난이 다가올 때 우리는 하나님께 "감사합니다"라고 말해야 한다. 나중에, 때로는 잠시 후에, 때로는 몇 년 후에 우리는 하나님이 그때 어떻게 개입하셔서 우리를 도우셨는지 깨닫게 되니까. 결국 평생 은혜로 살아가는 우리는 바로 이 순간 지금 하나님께 감사해야 한다.

## 살아 있는 자신의 가치로 인해 감사하라!

한 보석업자가 티크손 광석 전시회에서 관람하고 있었다. 그런데 어느 지점에서 멈추어 섰다. 감자만한 크기의 파란색 돌을 발견한 것이다. 그는 한동안 그것을 주시했다. 그리고 나서 아주 침착하게 상인에게 물었다.

"이걸 15달러면 팔겠습니까?"

상인은 반갑다는 듯이 그렇게 하겠다고 대답했다. 그것은 다른 광석들에 비해 별로 예쁘지도 않았기 때문이다. 그래서 "10달러만 내세요"라고 하면서 가격을 깎아주었다.

그런데 놀라운 일이 벌어졌다. 그 후에 그 광석은 1,905캐럿의 자연석 사파이어로 판명된 것이다. 그것은 지금까지의 가장 큰 사파이어보다 800캐럿이나 더 큰 것이었다. 이 사파이어 가격은 무려 220만 달러의 가치를 지닌 것이었다. 가치를 알고 분별하는 게 쉽지는 않다. 자신, 다른 사람, 공동체, 사물, 일 등. 그러나 분명한 건 살아가는 동안 가치 매김을 잘해야 한다는 점이다.

제자훈련 중이었다. 한 집사님이 자주 화를 내고 부정적인 생각을 많이 했다. 무엇을 하라고 하면 가끔 귀찮다는 투로 싫은 내색을 했다. 성경을 통해 삶을 함께 나누면서 어린 시절 성장 배경을 듣게 되었다. 성장하면서 자기 자신에 대한 가치를 정상적으로 평가하지 못하다 보니 열등감을 가지고 있었다. 그래서 나는 자아상에 대한 강의와 더불어 그 집사님이 가진 영적 은사에 대해 점검해주었다. 그 후로 자신감이 넘쳐나고 사물을 대하는 태도도 훨씬 좋아졌다. 자기 자신을 재발견했기 때문이다.

세계적인 리더십 전문가이자 성공학 강사인 존 맥스웰은 「태도」라는 책에서 이런 이야기를 했다.

어느 젊은 여성이 아버지에게 "삶이 너무 힘들다"고 불평했다.

아버지는 딸을 부엌으로 데리고 갔다. 그리고 냄비 세 개에 물을 붓고 불 위에 올려놓았다. 첫 번째 냄비에는 당근을 썰어 넣었다. 두 번째 냄비에는 달걀 두 개를, 세 번째 냄비에는 커피 가루를 약간 넣었다. 몇 분이 지났다. 당근을 꺼내 그릇에 담고, 삶은 계란 역시 껍질을 벗겨 그릇에 담고, 커피는 컵에 따랐다.

아버지는 이 세 가지 재료로 어려움을 이겨내는 방식을 말해주었다.

"자, 보렴! 처음에 딱딱했던 당근은 흐물흐물해졌어. 반면 깨지기 쉬운 달걀은 더욱 단단해졌단다. 한편 커피는 어떠니? 커피는 물을 더 값진 것으로 바꾸었단다."

아버지는 계속해서 말했다.

"지금 네게 닥친 문제는 온전히 너 자신에게 달린 문제란다. 흐물흐물해진 당근처럼 문제 때문에 더 약해질 수도 있다. 아니면 삶은 달걀처럼 문제로 말미암아 더 강한 자신을 발견할 수도 있다. 그것도 아니면 커피처럼 문제를 아예 자신에게 유익한 기회로 바꿀 수도 있다. 선택은 바로 너 자신의 몫이다."


주변 환경과 처한 현실을 탓하고 불평만 하고 사는 건 불행한 일이다. 지혜로운 사람은 주변 환경을 변화시키며 산다. 주변 환경을 변화시킬 수 없다면 자신이 변하면 된다. 더 나은 쪽으로. 어떤 문제 앞에 설지라도 그것을 통해 하나님이 하실 일을 바라보면 불평하고 싶은 마음이 사라질 것이다.

박지성 선수는 고등학교를 졸업한 후 갈 곳이 없는 그저 그런 무명의 축구선수였다. 그런데 그는 세계 최고의 클럽에서 주전으로 자신의 가치를 올려놓았다. 박지성을 호나우두와 비교하는 것은 호나우두 입장에서 보면 펄쩍 뛸 일이다. 그러나 박지성은 누구도 갖지 못한 에너자이저(energizer)이고, 이기적이지 않으며, 팀을 위해 봉사하는 전천후 선수였다.

박지성은 위험을 감지하고 불을 끄는 소방관처럼 작전을 수행했다. 양쪽 측면을 오가면서 풀백들의 수비를 지원하면서도 전방으로 돌진하는 능력을 갖고 있었다. 또 저돌적인 돌파로 상대의 기를 꺾어놓기도 했다. 명문구단에서 주전선수로 뛰었던 그는 이제 갈 곳이 없어 더 이상 낙심할 필요가 없다. 그의 가치가 달라졌기 때문에. 점평한 그의 가치 때문에 본인뿐만 아니라 가족, 그리고 한국인 모두가 얼마나 감격스러워했던가?


언젠가 말레이시아에 있는 막내딸 세린이가 말했다.

"필라테스를 배워야겠어. 학원 다니는데 천만 원 정도가 드는데, 이제 돈을 모아야겠어."

그래서 나는 말했다.

"세린아, 그럼 매달 얼마씩 엄마한테 보내. 그러면 엄마가 모아줄게. 그렇지 않으면 모으기 힘들 거야."

사실 세린이는 수중에 돈이 있으면 아끼는 스타일이 아니었다. 쓸게 있으면 쓰는 스타일이었다. 그래서 돈을 모은다는 게 믿어지지 않았다. 그래서 엄마에게 적금형식으로 송금하라는 것이었다.

그런데 예상을 뒤엎는 일이 벌어졌다. 1년쯤 지난 어느 날 엄마에게 카톡을 보내왔다.

"오늘 천만 원 송금할게."

잠시 후에 보니 한꺼번에 입금이 되었다. 그래서 아내가 바로 은행에 가서 세린이 통장을 만들어 적금을 넣고, 세린이에게 인증샷을 날렸다. 엄마가 잘 모아줄 거라는 걸 확인시켜주고자 하는 생각에. 그래야 앞으로도 계속해서 그렇게 할 것 같아서.

내친 김에 아내는 세린이에게 당부했다.

"세린아, 이제부터는 결혼자금을 준비하면 어떨까? 1년에 천만 원씩 모아서 4천만 원 정도면 좋을 것 같은데."

그러자 세린이가 볼멘소리로 말했다.

"하루 결혼하는데 무슨 4천만 원씩이나 들여서 해!"

"하루가 아니지 평생 살아갈 준비를 하는 거지."

얼마 전에 엄마에게 물었다.

"언니 결혼하는데 나는 뭘 해줄까?"

"뭘 사주는 것보다 그냥 돈으로 줘서 필요한 거 준비하도록 하는 게 좋을 것 같은데."

"그럼 100만 원 정도 해주면 되나?"

"그러면 고맙지."

며칠 후에 언니랑 통화하고 나서 100만 원을 송금해왔다.

요즘에는 영어를 좀 공부해야겠다면서 학원을 다닌다고 한다. 그래서 나는 보이스톡을 했다.

"우리 딸 대견한데."

"아빠가 혼자서 돈을 못 모을 거라고 했지?"

"그래. 네가 좀 헤프니까 돈을 모으기 힘들 거라고 생각했는데, 우리 막내에게 또 다른 면이 있었네. 엄마 아빠는 너를 엄청 대견스러워한단다. 네가 당차서 뭔가 해낼 거라고 늘 생각은 했었지만. 생각보다 더 잘해 내고 있는 것 같아서 무척 자랑스러워."

그래도 걱정이 되어서 당부했다.

"세린아, 남자친구는 잘 사귀어야 해. 첫째는 믿음이 있어야 하고, 둘째는 성품이 좋아야 한단다."

그러자 대뜸 말했다.

"아직 결혼할 생각도, 남자친구 사귈 생각도 없어."

"그래도 요즘은 더욱 조심해야 해. 헤어진 후에도 끔찍한 일이 많이 일어나니까."

부모를 떠나 객지생활하는 게 마음이 아플 때도 있지만 자신의 가치를 찾아가고 자리매김을 하는 걸 보니 대견스럽고 감사하다.


아름다운 인생을 살려면 자신의 가치를 바로 알아야 한다. 어떤 사람들은 다른 사람들이 하는 말과 평가에 연연하며 콤플렉스를 갖고 산다. 어떤 이는 자신을 다른 사람과 비교해서 열등감을 갖고 주눅 들어 살아간다. 열등감을 가진 사람은 결코 감사하는 삶을 살 수 없다. 다른 사람들이 뭐라고 평가하든 자신의 가치를 성경의 기반에서 찾아야 한다. 하나님이 나를 평가하는 방식으로 자신을 평가해야 한다. 그러면 교만해서 사람들의 미움을 받을 필요도 없다.

그렇다고 열등감으로 스스로 음지 속으로 파고들 필요도 없다. 하나님의 은혜로 살아가는 우리는 세상 앞으로 당당히 나아가야 한다. 그러나 겸손하게 자신의 가치를 드러내야 한다. 자신이 현재 가지고 있는 가치로 인해 감사해야 한다. 자신의 가치를 인정해주는 사람들에게 감사해야 한다. 이것이 절대 감사로 평생 은혜를 누리는 형통한 인생의 삶이니까. ■